超かんたん 自分でできる

人生の流れを変える ちょっと不思議な サイコセラピー

P循環の理論と方法

東 豊 著

Higashi Yutaka

龍谷大学教授／心理療法家

tomi shobo

遠見書房

カバーイラスト・挿画　大塚美菜子

はじめに

本書は人生上のさまざまな「悩み」や「問題」を読書によって解決に導くための本です。悩みや問題の中身に関係なく、何にでも対応できるように工夫されています。また、子どもから老人まで、年齢も関係ありません。

著者は大学教授（医学博士）であり心理カウンセラーでもありますが、内容は決して堅苦しいものではありません。むしろ柔らか過ぎて驚かれるかもしれません。平易な文章の中に実際のカウンセリングのエッセンスを散りばめていますので、専門家であってもきっと役に立つと思われます。

プロローグにおいてカウンセリングに訪れるある人物が登場します。本文前半（第3章まで）はこの人物に語りかける調子で進みます。読者は、この人物に自分自身を重ね合わせ、カウンセリング（あるいはレクチャー）を受けている気分で読み進めていただけたらと思います。

第4章以降は、そこまでの内容をさらに膨らませるための補講です。どうか続けてお読みください。

読了後、ご自身の中に小さな変化が起きていると思います。お楽しみに。

東　豊

プロローグ

空は今にも泣きだしそうだった。

駅の階段を下りると、その古びた小さなビルが目にとまる。

エレベーターを降りて左に進むと、その部屋はあった。「こころの相談室」と書かれた看板が妙に安っぽい。ちょっと躊躇《ちゅうちょ》したが、藁《わら》にもすがりたい気持ちは抑えきれない。

思い切ってドアを開けると、目の前に現れたのは初老の男性だった。作り笑顔がちょっと気持ち悪い。

いや、たとえ作り笑顔でも、この人はまだ笑えるのだ。そう思うと、さらに気持ちが沈む。

簡単な受付票を書き終えると、別の部屋に案内された。

カウンセリングが始まって半時ほど経っただろうか。話を聞いてもらえるだけでも少し楽になるのを感じたが、やはり何かアドバイスがほしい。助けてほしい。

「私はどうしたら良いのでしょうか……」

彼は少しの間を置いて、おもむろに紙と鉛筆を取り出した。そして驚くような話を、いや、レクチャーを始めたのだった。

…〈ここ、本書の中身です〉…

「そんな怪しい方法で、ホントに何とかなるのでしょうか？」

「はい、大丈夫。一緒にやっていきましょう」

初回はこれだけだった。

でも帰り道、空が青かった。空気がおいしかった。周りの景色が違っていた。

「なにこれ……」

自然と笑みがこぼれた。

目　次

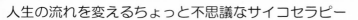

第１章 Ｐ循環とＮ循環

１ プラグマティズム

このレクチャーは多くの「仮説」によって成り立っています。いや、お話しすることのほとんどが「仮説」であると言って良いでしょう。その中でも特にあなたがびっくりしそうなものには、これは「仮説」であると、しっかりお伝えしますね。

さて、まず「仮説」とは何か。

科学的に証明されているわけではないが、心身の健康や生活の質の向上に役立つ「考え方」。真実かどうかはともかく、採用すると人生がうまく回り出す「考え方」。これを「仮説」と定義します。

「役に立つことが大事」「真偽はともかく、役に立つならそれでいいじゃないか」

このような立場を実用主義（プラグマティズム）と言います。ここからのお話は徹底してその調子です。「真実」や「真実究明」に価値を置く人には、ちょっと、キツイです。

あなたは大丈夫？

2　N感情とP感情

「N」はNegative（ネガティブな、消極的な、否定的な）の略語です。一般的には「良くないもの」を示します。ただし主観の世界です。

「P」はPositive（ポジティブな、前向きな、肯定的な）の略語です。一般的には「良いもの」を示します。こちらも主観の世界です。


私たちが日常的に抱くいろいろな感情を大雑把《おおざっぱ》に2種類に分け、「N感情」「P感情」と表記します。

N感情とは、暗い気持ち、悲しい気持ち、憂うつな気持ち、不安な気持ち、怖い気持ち、腹立たしい気持ち、恨《うら》み、妬《ねた》み、不平不満などのことです。

P感情とは、明るい気持ち、楽しい気持ち、嬉しい気持ち、ありがたい気持ち、穏やかな気持ちなどのことです。

誰の心にも両感情があります。時と場合によって、どちらかが目立って顔を出します。時期的に、同じ感情が続くことがあります。現在のあなたがそうかもしれませんね。

また、人生全般に渡ってＮ感情が支配的な人がいます。Ｐ感情が支配的な人がいます。あなた自身はいかが？　あなたの周囲の人はいかが？

Ｐ感情が支配的だと幸福感が高くなりますね。

３　心身のＮ循環とＰ循環

医学の世界では精神身体医学（心身医学）といった領域があり、心と身体の関係（心身相関）を研究しています。

たとえば、落ち込んだ状態やイライラした状態が長く続くと腹痛になるかもしれません。怒りをため込んでいると頭痛になるかもしれません。

このように、Ｎ感情は身体の不調につながります。そして身体的な不調はＮ感情を増幅します。増幅されたＮ感情はまた身体の不調につながります。悪循環です。

このような相互作用を「心身のＮ循環」と呼びます。

N感情↓身体不良↓N感情↓身体不良↓N感情↓身体不良↓N……

切りがありませんが、こうした循環です。

一方、P感情は身体の健康に良い影響を及ぼします。免疫力がアップしさまざまな身体機能も高くなります。笑いは癌《がん》の再発抑制に効果があるといった研究もあるほどです。

そして健康な身体はP感情を増幅します。それがまた身体の好調につながる。良循環です。

このような相互作用を、「心身のP循環」と呼びます。

P感情↓身体良好↓P感情↓身体良好↓P感情↓身体良好↓P……

こうした循環です。

4　対人関係のN循環とP循環

私たちの感情は自分の身体だけでなく他者にも影響します。それは多くの場合、コミュニケーションとして伝達されます。コミュニケーションには単に言葉だけではなく、表情や雰囲気、ちょっとした仕草なども含まれます。

Ｎ感情を表出すると他者のＮ感情を引き出す傾向があります。言葉にしなくても、表情や雰囲気、ちょっとした仕草でＮ感情が相手に伝わり、何となく気まずい状況になることがあります。ましてや腹立ちやイライラをストレートに表出しますと、多くの場合、相手からも何らかのＮ感情がお返しされることになりがちです。それがエスカレートすると喧嘩《けんか》になるかもしれません。このようにＮ感情には他者のＮ感情を刺激する傾向があり、徐々にＮ感情の応酬合戦となります。

これを「対人関係のＮ循環」が生じていると言います。

「対人関係のＮ循環」が一時的な喧嘩にとどまらず固着化しますと、長期間の不仲状態がキープされることになります。これを、「相性が悪い」「犬猿の仲」「顔も見たくない」「あっち行ってちょうだい」「なんでこんな人と結婚したんだろう」などと表現することがあります。

一方、Ｐ感情を表出すると、他者のＰ感情を引き出す傾向があります。あの人のそばにいるだけで気持ちが落ち着く。嫌なことも忘れることができる。こんな経験をしたことはありませんか？　きっとあなたもその人のことを好きですよね？　「好きよ」「僕の方がもっと好きだよ」「私の方がもっともっと好きよ」「僕の方がもっともっともっと……」。アホらし、いや、微笑ましいでしょ？

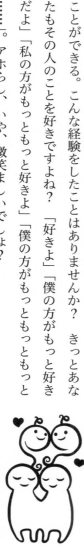

これを「対人関係のP循環」が生じていると言います。

もちろん一時的に「N循環」が見られることもあるでしょうけど、基本「対人関係のP循環」が継続しますと「気の合う仲間」「仲良しさん」「相思相愛」「おしどり夫婦」などと言われます。「肝胆相照《かんたんあいて》らす」などと表現できる関係です。

5　心身と対人関係の相互影響

N感情がコントロールできなくなって誰かに八つ当たりなんかして、ちょっと嫌な空気になってしまったら、つまり人間関係のN循環が生じてしまったらあなたはどんな感情になりますか？「ああ楽しかった」ではないですよね？　ますます腹が立ったり、自分が情けなくなったり、後悔したり、そのようなN感情があなたを襲《おそ》うのではありませんか？

対人関係で生じたN循環は当事者たちのN感情を一層増悪させます。そしてそのN感情はやはり身体に悪影響を及ぼします。つまり心身のN循環が作動するわけです。そしてまたイライラが高じて誰かに八つ当たり。対人関係のN循環につながっていく。

このように、個人の心身とその人を取り巻く人間関係のありようはお互いに強く影響しあっています。これを専門的には「階層の違うシステムもまた相互に影響しあう」と表現しますが、ま、難しい表現は覚えなくても良い。

心身のＮ循環↓人間関係のＮ循環↓心身のＮ循環↓人間関係のＮ循環↓心身のＮ循環↓人間関係のＮ循環↓心身の……

このような循環です。

たとえば個人と家族の相互影響がわかりやすいです。カウンセリングをしていますとね、母子関係、父子関係、夫婦関係など、家族の関係が変わるだけで子どもの心や身体が元気になるといった現象がしょっちゅう観察されるのですよ。

もちろんその具体的な中身やエピソードは家族によってまちまちですが、原理原則としては次のような説明が可能です。すなわち、家族関係に生じていたＮ循環がＰ循環に変わったことで、同時に子どもの心身のＮ循環もＰ循環に変わったのだと。

このように、子どもの心身と家族関係は同種のものになりやすいのですね。

もちろん家族関係の影響を受けるのは小さな子どもだけではあり

ません。大人であっても、身近な家族関係から強い影響を受けています。私もあなたもそうです。N循環の家族関係はN循環の心身を作り、P循環の家族関係はP循環の心身を作ります。NであれPであれ、全体として同種のものが循環しやすくなるわけです。

たとえそれが一時的な状態であっても、N循環の中にいるのは誰にとっても実にしんどいことです。えっ？　あなたのお家では一時的なんてなまやさしいものではない？　長年ずっと続いていますか……。そうですか。でももう大丈夫。ここに来たのですから。

6　P気とN気

あなたのN感情はどこからやってきたのでしょうか。周囲の人や環境のせいですか？　あなたの性格に問題があるからですか？　何か過去にひどい体験をしたからですか？

あるいは、あなたは「運の良い人」ですか？　「運の悪い人」ですか？　「良いこと」がいっぱい起きていますか？　「悪いこと」がたくさん起きてしまいますか？

これらは何によって決まるのでしょう。生まれながらの運命なのでしょうか。

ここからひとつ、「仮説」を提案します。

（仮説１）私たちの住んでいる世界空間には目は見えないけれどもいくつかのタイプの「気」が漂っている。「気」は同種のものが寄りやすく、「気」の集合・離散によって種々の物質や現象が生滅を繰り返している。

ちょっと怪しいでしょ？　こんな仮説が本当に役に立つ？　はい、もちろん。

（１）「気」と感情

さて、「気」とは何でしょうか？

これは中国思想の用語で、私たちに生命力を与え物事を構成するエネルギー体のことです。流動してある状態を形成したり、変化させたり、消滅させたりします。

私たちが日頃何気なく使っている言葉の中にも、「気」のつく言葉はたくさんあります。「元気」「陽気」「活気」「強気」「平気」「雰囲気」「色気」「妖気」「気が合う」「邪気」「浮気」「気配」「気まずい」「気色悪い」「短気」「怒気」「殺気」「鬼気迫る」「気にしすぎ」「お気軽に～」などなど。すべて「気」の存在を前提にしていますね。

「気持ち」というのは「気」を持つことですが、それこそいろんな「気」持ちができます。できれば良い「気」を持ちたいでしょ？　いったいそれは何によって決まるのか。

ここで、そのような「気」を大きく2つのタイプに分けたいと思います。もう「気」がつきましたね？　あの、ここ笑うところ……。「気」落ちしますが、「気」を取り直して続けます。

それはやはり「P気」と「N気」なのです。私たちがP感情でいるとそのレベルに応じたP気が集まり、私たちがN感情だとそのレベルに応じたN気が集まってくるというわけです。まさに「類は友を呼ぶ」。

ただ、これは鶏と卵の関係と同じ。あっ、知ってます？　鶏と卵の関係。鶏がいるから卵が生まれるんだけど、卵があるから鶏が生まれるんだし……どっちが先かわかんな〜い。このような関係です。

つまり堂々巡り。原因や結果もない。どちらも原因でありどちらも結果であると考えられる。専門的にはこれを円環的因果律《えんかんてきいんがりつ》と言いますが、ま、これは覚えなくても良いです。

ちなみに、「あの人のせいでこうなった」「あの出来事のせいでこうなった」といった具合に「原因と結果」をハッキリさせようとする考え方を直線的因果律と言いますが、ま、これも覚える必要ないです。……いやその、ちょっと、専門家っぽく振る舞ってみたかっただけなので。

ともかく、N感情が先かN気が先か、これにはこだわらなくても良いということです。どちらが原因であるかは別にして、Ｎ気とＮ感情は互いに強め合いながら発達していくのだと、こう考えてください。まさにＮ循環ですね。

もちろんＰ感情とＰ気の関係も同じです。互いに引き合い強め合う。Ｐ循環ですね。「Ｐ感情がＰ気を集める」あるいは「Ｐ気がＰ感情を作る」、どちらの表現でも良いのです。ここは大変重要なポイントなので、必ず覚えておきましょう。

ともかく、今のあなたの感情の理由は、「周囲の人のせい」「環境のせい」「性格のせい」「出来事のせい」「過去のせい」ではなく、今現在の「気」のせいなのだと、これが結論です。気のせいではありませんよ。うふ。

（2）「気」と出来事

「気」には他の作用もあります。

すでにお話ししたように、「気」は同じタイプのものが集合する性質を持っていて、私たち自身が発散する「気」と同種の「気」が周辺に集まってきますが、それがさらに「物質化」「現象化」につながる。このような作用があるのです。

物質化とはお金や品物に化《ば》けることです。現象化とは運の良い出来事や運の悪い出来事に化けることです。

「気」は本来直接的には観察できるものではありませんので、この時点で初めて私たちの五感（目・耳・鼻・舌・皮膚）に触れることになります。つまり、私たちの身の回りにあるいろいろな物質や現象は「気」のカタマリなのだということです。

ちょっと難しいですか？　ではもう少しわかりやすくお話ししましょう。

「気」は、テレビ局から送られてくる電波のようなものなのです。いいや、本当にテレビ局が送っているのではありませんよ。たとえ話です。

電波もやはり目には見えませんが、受け手である私たちがテレビのチャンネルを選ぶと、その周波数に応じた映像が現れます。チャンネルを合わせると、お気に入りの歌手やスポーツ選手に会えますよね？　これが「初めて五感に触れるようになる」という意味です。でも、元は電波ですから目に見えません。

「気」の話に戻すと、私たちが生きている世界空間においては、私たち自身が「気」の受信機です。私たちの状態（チャンネル）によって同種の「気」が集まります。それがP気であれば「素敵なお品《しな》」に化けます。「嬉しい出来事」にドロンと化けます。それがN気であれば「なんじゃこりゃ〜と叫びたくなる物品」に化けます。「悲しい出来事」にドロンと化けます。

このように現実を作っている。これが私たち一人一人の「悲喜こもごもの人生」なのですね。主演はもちろんあなた。しかも、なんと台本作家も兼ねている。素晴らしい。

「気」はこのようにして初めて私たちの五感に触れてきます。

ただ残念なことに、テレビの場合と違って多くの人はチャンネル合わせを無自覚的・無意識的におこなっています。そのせいで、本当は見たくない番組（現実）を見続けたりしている。

自分に選択権があるのに、実にもったいない話だと思いませんか？　チャンネル合わせの方法を知ることが、自分の見たい番組を見るための一番のコツなのにね。好ましい現実を作る一番のコツなのにね。

「運の良い人」とは、そのコツをマスターした人のことなのですよ。

要するに、Ｐ循環の中にいると幸運な出来事が生まれやすく、Ｎ循環の中にいると不幸な出来事が生まれやすい。言い換えると、運の良い人とは現在Ｐ循環の渦中にいる人のこと。運の悪い人とは現在Ｎ循環の渦中にいる人のこと。遺伝や性格・才能、あるいは過去の経験や運命などによって決まるのではないということです。

しかしほとんどの人はこうしたカラクリを知ることもなく、目の前の現実に一喜一憂しています。その一喜一憂がまた同種の気を引き寄せることにまったく気がつきません。過去が未来を作るのではなく、まさに「今」このときが一寸先の未来を作るのですけどね。

「N気がぐるぐるN循環で悲しいな　P気がぐるぐるP循環で嬉しいな」

ぜひ覚えてほしい標語です。

7　過去と現在の循環

もっと驚く話をしましょうか。

N循環もP循環も、時を超えても生じるのですよ。

たとえば幼い頃の親子関係や友人からのいじめ、失恋、試験や仕事での失敗体験。過去の出来事ではあるけれども、思い出すととても辛《つら》い気持ちになることがあります。あなたもそうでしたね。

これを「過去からN気が飛んで来る」と言います。そのN気にやられてN感情がふつふつと湧《わ》いてきます。同時にあなたもまた、過去の出来事にN気を放つ。その時の自分や家族や友人に、コ

ンチクショーとN気を放つ。

このようなN気の交換を、過去と現在のN循環と言うのです。過去のことに現在もまだやられてるなんて、なんとも悔《くや》しい話ですね。本当は許してしまえばそれで終わりなんですけどね。しかしそう簡単にはいかない。それが私たちの「心」ですものね。

もちろんP循環では逆のことが生じます。

良き思い出は私たちの心を豊かにします。過去からP気が飛んで来るからです。一方、私たちが過去に向けた喜びや感謝はP気となって過去に飛んでいきます。この繰り返しの中であなたのP感情はいっそう強くなり、過去の記憶はますます美しくなるわけです。

このようにN循環P循環は時間を超越しても生じます。

8　N循環からP循環へ

現在のあなたの悩みがどのようなものであれ、その背景には必ずN循環が観察されるはずです。闇の中だからこそ闇は存在できるのです。もしも背景がP循環なら、悩みは出現したように見えてもすぐに解消されます。光が闇《やみ》を消すようなものです。

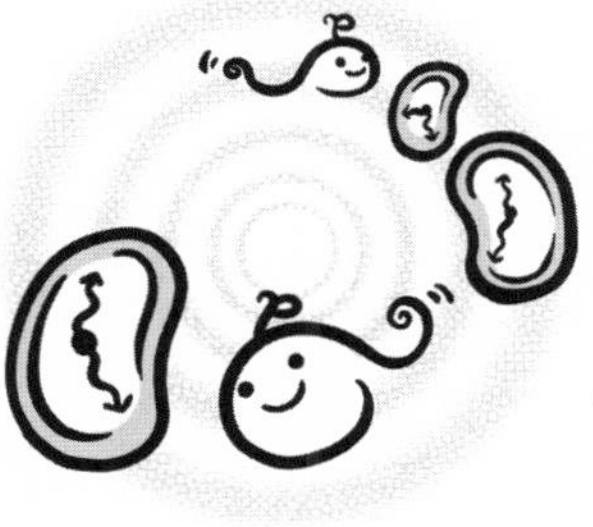

つまり、現状のN循環をP循環に切り替えていくと、その程度に応じて現在の問題や悩みがスーッと姿を消していく。そして良いことがあれこれ姿を現す。

本当にそんなことがあるのだろうか？

あなたのこれまでの苦労を思うと、簡単に信じなくても良いです。

しかし実際に、人によってはあれよあれよと言う間に、人によっては一歩一歩確実に、悩みが解決に向かいます。そして生活全般に穏やかさが現れるようになり、やがて幸福感や充実感があなたの感情の中心になっていきます。

えらく大風呂敷を広げたものだと笑いますか？　変化の質量やスピードに個人差はありますが、方向性は誰もが同じなのですよ。

そこでここから先はいよいよP循環を作る方法ですが、とりあえずここまではご理解いただけましたか？

興味があれば次に進みますが興味がなければこれでさようならです。遠慮なくパスしてくださいね。嫌々聞く話でもないので。

どうします？……そうですか。じゃあ、次に進みますね。

第２章
Ｐ循環の作り方

1　最初に手をつけること

ここからはちょっと怪しげな提案をします。あっ、もう十分怪しげでしたか。でも多くのクライエントさんが実行して効果を上げているので安心してください。

ただ提案の前にお願いしたいことがあります。これから述べる方法を信奉《しんぽう》するあまり、一般の常識的な対応を怠《おこた》らないでほしいのです。

たとえば、何らかの身体症状がある場合のこと。まずはきちんと医師の診断と治療を受けてくださいね。身体症状もＮ循環の一部分であるからと言って、これから話す方法だけで治そうとしてはいけません。くれぐれも「第一選択」にしないように。医療拒否などは言語道断《ごんごどうだん》です。

家族が病院に行くことを親切に勧《すす》めてくれているのに、それを頑《かたく》なに拒否したりすると、家族関係のＮ循環が巻き起こってしまいますよ。Ｐ循環形成をめざす人がこんなことでは目も当てられません。おそらく身体症状はいっそう増悪します。

しかし薬物治療等で症状が改善すれば、それに伴って感情面に好ましい変化が生じます。すると家族関係や学業・仕事面にも良い変化が期待できるようになります。ドミノ式にあなたの生活全般をP循環に移行してくれる。そのような最高のツールのひとつが医療なのです。これを利用しない手はありません。

身体症状だけでなく、精神症状においても同様です。

たとえば抗不安薬を用いることで不安が軽くなれば、あるいは抗うつ薬を用いることでうつ気分が軽くなれば、やはりドミノ式に対人関係や学業・仕事面でいろいろな変化が生じやすくなりますから、やがて生活全般のP循環に繋《つな》がる可能性が高いのです。

もちろん期待する効果が出ない場合もあります。あるいは一時的に効果が出ても再発することがあります。あるいは他の症状が出ることもあります。

このような場合にはぜひこれから紹介する方法を併用してほしいのです。

さらに対人関係におけるN循環であっても、常識的な対応で変化する可能性を見込めるなら、まずはそれを実行してみることが大事です。

たとえば誰かと喧嘩して気まずいことになっている場合、自分から謝る。このような対応です。

それをきっかけとして一気にP循環に変わるかもしれません。仲直りです。長期にわたるN循環であったとしても、好転の可能性がないとは言い切れません。

とは言え、「あの人の方が悪かったのにどうして私から謝るの?」と不満が出る。「もうとっくに謝ったけど全然好転しなかった」とぼやきが出る。こんな場合もあるでしょう。その際もぜひこれから紹介する方法を利用してもらえないでしょうか。

他にも、自分自身や家族の問題、学業や仕事の悩みなど、一生懸命取り組んできたけれども一向に改善する気配がないと感じている。そのような場合にこそ、これから述べる方法にチャレンジしてもらいたいと思います。

ともかく、まずは常識的なことをする。普通に努力する。この感覚が大事であることを強調しておきます。大丈夫ですね?

その上で初めて、P循環を作る方法です。

まずは心構えから。

緊急性がない限り、現状の悩みや問題はそのまま放っておく。現状は変える必要がない。今の自分を変える必要はない。何もかもそのままで良い。

この構えです。

……驚きました？　はあ？ってなりますよね。悩みを何とかしたくてここに来たのにね。でもね、悩みや問題って簡単には変わりませんよね？　簡単に変わるくらいならあなた自身がとっくに何とかしていますよね？　あなたに解決の方法がわからないのに他人にわかるわけがありませんよね？　私にもさっぱりわかりませんよ。

ああっ、帰らないで！

ガッカリしないで最後まで聞いてちょ。まあまあ、座ってちょ。

「当面の間、悩みや問題はそのままで、N循環もそのままで、P循環を作ることだけに意識を集中する」

優先順位の問題です。悩みや問題、あるいはN循環に直接的に手を加えようとしなくても、P循環が仕上がってくると結果的にN循環は弱くなり、そのうち悩みや問題も解決するのですよ。

闇といくら闘っても闇は消えない。消えたとしたら、それは格闘の結果ではなく朝（光）が勝手にやってきたから。つまりわざわざ闇の中に入らなくても、外側から人工的に光を当てれば朝を待たずに闇は消えてしまう。この原理です。

えっ、怪しい教祖みたい？　大丈夫、入会させませんから。

とにかくハッキリ言うと、悩みや問題を直接的に解決する方法を考えるより、あるいはＮ循環を必死こいて変えようとするより、新たにＰ循環を作る方がはるかにかんたんなのです。しんどいより楽ちんな方がいいでしょ？

だからこそ、まずはＰ循環を作るシンプルな方法に集中したい。そちらを優先したいのです。その方法で自然とＰ感情が育ってくる。やがてＰ感情がＮ感情を超える。そうなると心身のＰ循環や対人関係のＰ循環もしっかり形成されるので、心身が元気になり対人関係も良好になる。Ｐ気の物質化現象化の作用で良いこともいろいろと生じてくる。ああなんて幸福な人生！　ウソではありませんよ。

２　Ｐ気を収集する

それでは具体的な方法に入ります。

まず、先にお話しした仮説１を思い出して下さい。

この世界にはＰ気とＮ気が充満していて、同種のものが引き合う法則がある。Ｎ感情とＮ気がＮ循環し、Ｐ感情とＰ気がＰ循環する。これです。

そこでP循環を作る一番シンプルな方法。

それは私たちの周りにフワフワ漂っているP気を収集することです。P気を自分の中に充電する。そして自分の周辺にP気を漂わせるのです。そのための「ちょっとした工夫とほんのわずかな努力」がこれからお話しする内容です。

これが実にかんたんなこと。まずはあなたからP気を放つのですよ。それを誘い水として周辺のP気をおびき寄せるわけです。

えっ？　そんなの無理？　日々N感情満載《まんさい》なのでN気しか出ません？

大丈夫です。たとえ現在のあなたがN感情だらけであっても、そんなことには関係なく、ある「言葉」を用いてP気をだましておびき寄せることができるのです。だますと言って語弊《ごへい》があるなら勘違いさせる。ま、同じようなものですか。

3　感謝の利用

その言葉は「感謝の言葉」です。

「ありがとう」「ありがとうございます」

先に言っておきますが、心（P感情）が伴《ともな》わなくてもまったく構いません。もちろん心が伴えば本物なのでいっそうパワフルにはなりますが、伴わないからといって実行を諦《あきら》めるのは実に惜《お》しい。また、心を伴わそうと無理に頑張るのは実にめんどくさい。と言うか、それこそ無理。最初のうちは、本心か否《いな》かに一切こだわることなく、形だけでも感謝の言葉を言うのです。あなたがどれだけマジメ人間であったとしても、本当に口先だけでいいのです。

なぜかと言うと、その言葉自体が本来的にＰ気を帯びているからです。これは感謝の言葉が持つ不思議な特質で、その言葉を発する人間の本音がどうであるかは一切関係ない。たとえ儀礼的業務的であっても、「ありがとうございます」と発声された瞬間にその場のＰ気が活性化します。集まってきます。そのため、たとえウソでも感謝の言葉を言い続けていると自然とＰ気が充電され、なんとなくウキウキした気分（Ｐ感情）が味わえるようになる。ここまで来ると、元々言葉自体が帯《お》びていたＰ気に発声者のＰ気が重なり「ありがとうございます」はますますパワーアップするわけです。

実際、大学生を対象にした実験で「最初はウソっぽくても毎日続けているうちに本当に感謝できている自分を発見した」という感想がいくつも見られました。

ここから先はこれを感謝行《かんしゃぎょう》（感謝の実践）と呼びます。

4 感謝行の仕方

感謝行は具体的には次のような形式をとります。ただしあくまで目安であり、この通りにしなければならないというものではありません。

(1) 文言の基本形

「ありがとうございます」が含まれていれば必要にして十分ですが、毎日の継続が大事なので、自分の好きな文言にアレンジすると良いでしょう。

ただし、「ありがとうございました」といったように、過去形にはしない方が良いです。ずっと感謝が継続している。このニュアンスが大事なのです。

(2) 声の大きさ

大声を出す必要はなく、自分の耳に軽く聞こえる程度で十分です。これで感謝のP気が心身を循環すると同時に周囲のP気を引き寄せてくれます。また、心の中で繰り返すだけでもP気は心身を循環し、同時に外部に漏れ出てP気を集め始めます。

このように発声の有無による効果の違いはほんのわずかです。逆に言うと、口に出さなくても心の中で思うだけでＮ気をばらまくこともできます。たとえば、「もうだめだ」「死にたい」「くたばっちまえ」等々。それによって生まれたＮ気はあなたの心身をたっぷり循環（Ｎ循環）し、すぐに外部に漏《も》れ出ていきます。嫌《いや》な話ですが、これは覚えておいて損はありません。

（３）回数と時間

回数は何度でも構いません。ただし毎日の継続が何より大事ですから、最初は一日一回（「ありがとうございます」を３回繰り返す）くらいからスタートするといいでしょう。張り切りすぎて無理をすると結局長続きしません。

実行する時間帯は就寝前がいちばん効果的です。就寝前に取り込んだＰ気は睡眠中に心身を循環します。

もちろん日中におこなっても構いませんが、起きている間はいろんな出来事に遭遇《そうぐう》するので、あれこれのＮ感情が心に生じることも多々あり、その際のＮ気と感謝のＰ気が相殺《そうさい》しやすいのです。確かにそれはそれでＮ気を一時的に弱める効果はありますが、Ｐ気充電の目的からするとちょっともったいない。

その意味で最初のうちは就寝前が一番のおすすめになります。また、早朝も効果的です。早朝はP気がいっぱい漂《ただよ》っているからです。一方、できれば日没時や深夜（午前0時から4時くらいまで）は避けたほうが良いでしょう。何か悪いことが起きるわけではありませんが、そもそもP気が薄い時間帯です。少々打算的ではありますが、P気がいっぱい漂っている時間帯を狙《ねら》うのが良いと思います。

慣れてくると通学通勤の途上で、学校や職場の休み時間に、家事の合間に、トイレや風呂で、いつでもどこでも感謝行。すぐに習慣になります。自然と感謝の言葉が出てくるようになります。

自宅のトイレのドアに、「ありがとうございます」と書いた紙を貼《は》り付けているクライエントさんもおられます。目に止まるたびに声に出して読んでいるそうで、これだけでずいぶん気分が良くなるそうです。

（4）対象

本来は特定の対象を思い浮かべるのではなく、ただ「ありがとうございます」だけでいいのです。

しかし、慣れるまでは何か具体的な対象があって、それに語りかけるような形式を取る方が親しみもあり、実感が伴いやすいようです。

「〇〇さん、ありがとうございます」「〇〇くん、いつもありがとうございます」。このような文言になります。

この際、必ず好きな人の名前を入れておこなってください。大好きなペットでも構いません。お気に入りの芸能人でもいいのです。そのほうが、実際のＰ感情が伴いやすくなり、感謝行のパワーがいっそう強くなるからです。

しかしすでに述べた通り、Ｐ感情が伴わなくてもまったく問題はありません。特別な感情が伴わなくても、感謝の言葉そのものが宿《やど》すＰ気はちゃんと放出されるからです。

一方で、嫌いな人や苦手な人を対象に感謝行をおこなおうとする人がいます。きっと人間関係を良くしたいのでしょう。確かにそれはそれで意味があるのですが、感謝行初心者はやめておいたほうが無難《ぶなん》です。特にその人物に対するＮ感情が大変強い場合、Ｎ気が大放出されることがあります。それは感謝行のＰ気を蹴散《けち》らすばかりか、かえって外部のＮ気を引き寄せてしまいます。結果的にＰ気充電のつもりがＮ気充電。これでは何のための感謝行かわからなくなります。

その意味では、人以外のものを対象にする方が安全スムーズかもしれません。

「良い天気をありがとうございます」「おいしい食事をありがとうございます」

慣れてくると、天候に関わらず「今日も一日ありがとうございます」。まずくても「食事をありがとうございます」

そしてとうとう、空気や太陽に「ありがとうございます」。生かされていることに「ありがとうございます」

決して急いではいけませんし、またそうならなければならないというわけでもありませんが、最終的には何があっても感謝できるような生き方になっているかもしれません。嫌いな人にも感謝。病気や悩みにも感謝。万物に感謝。ここまでくると不平不満の大変少ない心持ちになっていますので、すでに生活全般に強力なP循環が形成されているはずです。ほぼ悟りの境地ですね。心身の健康、良好な家族関係・人間関係、幸運な出来事など、嬉しい「ご利益《りやく》」が出現していることでしょう。でもこれは究極の姿。そこに至るまでに人生が終わったとしてもまったく問題ありません。そこをめざすプロセスを歩んでいることが大事なのです。

（5）本来の目的を忘れないこと

ここは大事な点なので十分にご理解いただきたいのですが、なるべく「ご利益」は意識しないほうが良いです。

感謝行の本来の目的は、あくまでP循環のエネルギーの源であるP気を収集し充電することです。

ところが、何らかの「ご利益」を追い求めその出現の有無に一喜一憂するようになると、執着心（N感情のひとつ）がかえって強くなってしまいます。望んだ「ご利益」がないからと言ってがっかりし、あるいは立腹し、感謝行をやめてしまうかもしれません。

もちろん感謝行の継続は個人の自由であるとは言え、せっかくのご縁があったのにこれでは実にもったいない。ここはひとつ、P気の収集を楽しむことに重きを置きたい。P気を浴びることそのものを喜びとしたい。その結果として得られる「ご利益」の数々を意識するのは、とりあえず脇に置いてほしいのです。

自分の利益ばかりを求める心を「我欲《がよく》の心」「利己的な心」と言いますが、これはN気を放ちますから、上手に扱わないと感謝の言葉が持つP気を打ち消します。

もちろん我欲をすっかり捨てろとは言いません。できるだけ執着しないようにする――こうした心がけがあれば大丈夫です。

実際のところ、感謝行をしたからといって何かの奇跡が起きることなどたまにしかありません。「普通の幸福な生活」が実現するのみです。あっ、それが奇跡ですか。なるほど、深いです。

人それぞれに人生の形がある。ある人は社会的な大成功かもしれません。一方、ある人は平凡・月並みな暮らしかもしれません。しかしみんな違ってみんな良い。

P循環の反映として生まれてくる現象に優劣はありません。P循環の住人になることで大金持ちになったり急にモテモテになったり、どうかそのようなことは夢見ないでください。外見に現れるものは本当に人それぞれなのですから。

ただ、他人と我が身を比較して、悲しんだり怒ったり妬《ねた》んだり恨《うら》んだり、このようなことはガクンと減ります。そして誰もが確実に得るのは、生きていることの「幸福感」あるいは「充実感」といったものです。

その時、人生上の悩みや問題は、あったとしても深刻味が消えていて、むしろそれすら楽しめる状態になっていると思います。感謝行の継続の結果、最低限保証されるのは、ある意味たったこれだけなのです。

とは言えこれほどありがたい「ご利益」は、ちょっと他にはないのですけどね。あっ、余計なことを言いました。どうか「ご利益」などという言葉も忘れて、今ひとときのP気シャワーを楽しんでいただきたいと思います。結果を気にせず、プロセスを楽しんでください。

5　感謝行の効果実験

ここまでのところ、いかがです？　疑ってますか？　もう帰りたいですか？　……帰りたくはないけどめっちゃ怪しい。そうですか。ではちょっと信頼度アップを図りましょう。

感謝行の効果を調べるために大学でおこなった実験について簡単に述べます。私、こう見えても大学教授なんですよ。えっ、それが一番怪しい……。

この実験は感謝の実践が心理的well-beingに与える影響について検証したものです。ウェルビーイングとは、直訳すれば「良く〝ある〟こと」ですが、平たく言うと「幸せな状態でいること」。心身や対人関係などの広い領域で健康であることを意味します。まさにP循環の中にいることです。

この研究に参加したのは80名の大学生で、約3カ月にわたり一日一回以上感謝の言葉を唱《とな》えるように教示されました。

3カ月後に、感謝の実践を通して経験したことについて感想文（無記名）を書いてもらったところ、54名の参加者が「効果あり」と回答しました。また11名は「感謝の影響かわからないが、効果あり」。12名が「効果はわからないが実践して良かった」。3名が「効果なし」と回答しました。

また、感想文の詳細な分析をおこなったところ、「感謝の心」「幸福感」「人間関係」「楽観性」「明るさ」「前向きさ」「ストレス・コーピング」「レジリエンス」「健康」などの向上が見られたことが明らかになりました。ストレス・コーピングとはストレスへの対処のことで、レジリエンスとは回復力のことですね。ま、覚えなくても良いです。

感想文をいくつか、抜粋《ばっすい》して紹介します。

(1) 人間関係に関わる変化が報告されました

「以前よりも人と関わるのが楽しく感じられるようになった。家族や友人の表情も明るくなったように思う」

「嫌なことを言われてもあまり気にしなくなった」

「些細《ささい》なことで怒ることがなくなった。愚痴《ぐち》も減った」

「自分に余裕ができたというか、周りの人を肯定的に見ることができるようになった」

「お客さんや仲間との関係が良好になり、すごく楽しい気持ちでアルバイトに励《はげ》むことができるようになった」

「友人にありがとうと言う機会が増えた。喜んでもらえるのでうれしくなる」

「正直、そんな簡単なことを毎日続けるだけで変化が起きるわけがないと疑いがあった。しかし続けるにつれて多くの人に心からありがとうの気持ちを伝えられるようになった」

（２）気持ちの変化もたくさん報告されました

「感謝の実践を行うことで自分の性格が以前より明るくなってとてもうれしい。楽観的に物事を考えるようになった」

「感謝の効果なのか私の自然回復力なのか見当がつかないが、最近は前ほど心に余裕がない状態にならなくなった」

「最初は人工的な感謝だと思ったけれど、ネガティブに考えがちだったものが少し前向きに考えられるようになった」

「他人と比較することが減り気持ちが楽になった」

「前よりも気分が良くなり一日を明るく気楽にスタートすることができるようになった」

「一日一日の満足度が増した」

「〝私って何にもできないなあ〟とマイナスのことばかり考えていたのですが、感謝の実践をすることでポジティブに考えられるようになった。これから先何かに悩んだりネガティブな気持ちに支配されそうになったら、この感謝の実践を思い出すようにします」

「正直なところ半信半疑でしたが、実践してみてまず思ったのは、自分自身とても気持ち良いです。振り返ってみると最近は以前のようにイライラしなくなっています」

「1、2カ月過ぎても日常生活で時に目立った効果はなく、感謝を言わねばならないとかえって苦しい時期もあった。効果に気づき始めたのは3カ月目頃だった。始める前はネガティブな考えがつきまとっていたが、いつのまにか前向きになり明るく毎日を過ごそうと思うようになった」

「一番変化したことは、自分に起こったことを嫌だとか最悪だと受け取るのではなく、この程度で済んで良かった、それほどの問題ではないという感じで受け入れることができるようになったこと。悪い事があってもいつか自分の糧《かて》になると思えるようになりました」

「今までは何とも思わなかった些細なことにも感謝できるようになって心が豊かになった。自分でもびっくりするくらい変化が表れたのですごいなと思う」

(3) ストレスや健康に関しても

「最初はあまり効果がなかったが、急に寝つきが良くなって早寝早起きができるようになった」

「劇的な効果を感じたということはないが、ストレスは最初の1カ月でずいぶん解消された」

「身体的な疲れが減った。実践してみてとても有意義な結果だった」

「体が軽くなったように感じる。心の中でプラスなことを思うだけで実際にここまで変わるのかと正直驚いた」

（４）いろんな気づきもあったようです

「なにげないことでも感謝すると幸せな気持ちになれると感じた。感謝の言葉には自然と幸せがついてくるんだと思った」

「正直うさんくさいと思っていたし、いったい何に感謝しているのだろうとちょっとばかばかしくもなった。ただ、わけもわからず感謝しているうちに些細なことにも感謝を抱くようになり、自分が周りの人に支えられて生きていることを確認することができた」

「感謝の実践は当たり前のことがありがたく感じる魔法のような経験だった」

「毎日生きていることがとてもありがたいことであり、友人や家族がいてくれることなど、当たり前になってしまっていることに感謝して生活していこうと思えた」

（5）効果をあまり実感できなかった人にも次のような感想が

「あまり効果は見られなかった。しかし周りの人に感謝の言葉をいつもよりも伝えてみようという思いを持つきっかけになった」

「効果が出なくて少し残念に思ったが、これからも続けていけば何か変わるのかもしれないし、続けても良いかもしれないと思えた」

「精神的に何かが変わったように感じることはなかったが感謝は良いことだと思えた」

「あまり効果を感じなかった。心を込めて感謝を述べていなかったので偽物の感謝では効果が出ないのかなと思った。明日から本物の感謝でもう一度実践してみようと思う」

「一日の振り返りができたり、基本的にはポジティブなことを思い出すことができたので悪くはなかったです」

「その日起きた良い事も悪い事も冷静に見つめ直せて『明日はこんな日にしよう』と目標を立てることができるようになりました」

このように、効果があまりなかった人がいたことも事実ですが、こうして正直にお伝えしているところが好感度高いでしょ？　どう？

6　感謝行の応用――P気のプレゼント

日々の感謝行によってP気が充満した状態になると、ある目的を持ってP気を一気に大放出できるようになります。ウルトラマンのスペシウム光線みたいなものです。ただし怪獣をやっつけるのではありません。大切な人（家族や友人）にP気をお裾分けするのです。せっかく集めたものなのにもったいないなんて思わないでください。放出した分は日々の感謝行ですぐに補充できますから。

主な目的は大切な人の心身の健康回復です。練習すれば誰にでもできるようになります。

その方法ですが、たとえばあなたが親で、子ども（仮にサトルくん）が対象者だとしましょう。

「サトルくん、ありがとうございます」

やはりこの文言を用います。一番P気を乗せやすい言葉だからです。声に出しても、心の中で言うだけでも、どちらでも良いです。全身のP気を集めてその文言に乗せるイメージです。

ウルトラマンのスペシウム光線を知らなかったらドラゴンボール・悟空が得意とするカメハメ波のイメージでも良い。それも知らないなら宇宙戦艦ヤマトの波動砲。……全部知ってますか。さすがです。

それから、これはどちらでも良いのですが、身体感覚を利用する手もあります。実は手のひらや額のあたりからP気が放射されると感じる人が多いのです。もしも手のひらに強く感じるのなら、サトルくんに手のひらを向けた状態で「サトルくん、ありがとうございます」。まさに「手当」ですが、身体に直接触れる必要はありません。

また、Zoomなどを用いたオンライン上でも可能です。

……ちょっと怪しさの限界値を超えましたか。はい、この話はここまで。

P気のプレゼントをおこなうに当たっては、特に注意していただきたいことが3点あります。

その1　サトルくんの前に自分自身

プレゼントはあくまで感謝行応用編です。あなた自身がすでに日々の感謝行を通してある程度のP気が充電できていること。これが大事です。

自分に余裕があるからお裾《すそ》分《わ》けもできるわけで、エネルギー枯渇《こかつ》状態で人助けは難しい。自分はまだまだN感情がいっぱい、N気がいっぱい。このように感じる人は、まずは普通に日々の感謝行をおこなって、自らの「気」を調整しましょう。他者の前に自分の解決から始めましょう。一見遠回りのようでも、それが確実なのです。

実はこれ、職業人としての心理カウンセラーにも同じことが言えます。Ｎ気を振りまくカウンセラーでは、クライエントは大迷惑ですよね。相談室内Ｎ循環、診察室内Ｎ循環。これではクライエントさんがかえって具合悪くなりそうです。

その２　ただＰ気を送るのみ

文言は「サトルくん、ありがとうございます」だけで良いのですが、同時に「サトルが学校に行けますように」などと祈る人がいます。気持ちはわかりますが、これはむしろ逆効果であると考えてください。

その理由として、ひとつには、そのような文言は「心配」「不安」などのＮ感情の発露《はつろ》であると考えられるからです。親としての心配や不安はすでに十分サトルくんに伝わっていますから、これ以上Ｎ気を浴びせる必要はありません。

またひとつには、これが現状否定の文言であるからです。「学校に行かないサトルは問題の子」。この前提があるからこその「学校に行けますように」なのです。

いや、学校に行ったほうがいいのか行かなくてもいいのか、そのようなことを議論したいのではありません。どっちがいいのかなんて知りません。はっきり言うとどっちでもいい。生きているだけでもありがたい。

学校がどうこうではなくて、大前提として「サトルくんの否定」が色濃く漂っていることに注意したいのです。これこそが、N気の素《もと》だからです。これがササッとふりかかっているのですよ。全然美味しくなりませんからね。

あなたのあり方としては、サトルくんにP気を送ることだけに専心すれば良いのです。「ああなってほしい、こうなってほしい」。このような親心はとりあえず横に置いといて、今はただP気を送り込むことだけに集中する。

そして、首尾よくサトルくんにP気が育ってきたら、あとのことはサトルくんの主体性に任せる。ここが大事なのです。

その際、サトルくんをコントロールしたいという気持ちが強くあると、もしもサトルくんが親の希望から外れた場合は、親自身が「落胆」「怒り」「焦り」などのN感情に襲われる可能性が高いので、結局サトルくんにはN気が伝染することになります。元《もと》の木阿弥《もくあみ》。N気充満です。

「サトルはこうなるべきだ。ああなるべきだ」。思い切ってこれを捨ててしまいましょう。ただただP気を送るのみ。それだけがあなたの仕事と割り切りましょう。P循環が始まったら、サトルくんには間違いなく元気が出てくるし、彼なりの主体的な活動も増えてきます。その際は親としてますますP気を送ってあげてください。

――「P気を送りつつ自主性に任せる」――

よく言われる「子どもを見守りましょう」とは、まさにこういう意味なのです。

その3　サトルくんのアンテナを立てる

あなたの大きな仕事はサトルくんにP気を送ることだと言いました。しかしP気が効率的に届くかどうかはこちらの放出パワーも大事ですが、循環は相互作用なので、やはり相手次第であるという一面も否定できません。

すなわち、P気の受け手のアンテナの立ち具合が大事なのです。相手がN感情満載《まんさい》ですと、こちらから放ったP気の１割も届かないかもしれません。しかしN感情を少しゆるめてあげてからP気を放ちますと、３割４割と届くようになっていきます。

N感情を少しゆるめるとは、「話をしっかりと聴く（傾聴）」「相手の立場に立つ（共感）」「否定しない（受容）」、可能ならば「少しのユーモアを利用する」。このようなことで達成できます。これでP気が届きやすくなります。親子のやりとりがP循環になりやすいのです。もちろんできる範囲で良いです。完璧《かんぺき》を求めるわけではないので堅苦しくは考えないでください。書店に行くと「傾聴」に関する書籍がいくつもあると思いますので参考になさってください。

以上が、P気をプレゼントする際の3つの注意点でした。

最後にもうひとつだけ、提案したいことがあります。それは、家族や友人にも「感謝行」を勧めてみることです。これほどストレートなプレゼントは他にないでしょう。大いに喜ばれることと思います。

しかしもちろん、押し付けはいけません。中には「非科学的」なことを嫌う人もいます。そんな人の前で感謝行を褒《ほ》めちぎったりすると、変人扱いされるかもしれません。人間関係のN循環が始まってても知りませんからね。

7　感謝行の応用――過去の癒《いや》し

過去と現在の間にあるN循環をP循環にシフトする方法もあります。

しかし一人でするにはちょっと難易度が高いかもしれません。できれば誰か専門家に相談しながら進めると良いです。あっ、私でしたか。

すでに述べたようにN循環は時間を超えても生じます。過去の出来事と現在のあなたがN気を放ち合っている状態です。

これを解消する一番手っ取り早い方法。現在のあなたから先手を打って、過去に向けてP気を送ります。過去に向かって感謝行をおこなうのです。

たとえば、いじめられた経験。それは大変辛いものだった。それでもなんとか耐えてきた私。だからこそ、今こうして生きていられる。ここがポイントです。つまりこの場合の感謝の対象は、当時の自分自身ということになります。

「○○さん（自分の名前）、ありがとうございます」

やはりこれだけです。脳内では当時の自分をイメージします。

あるいは当時の写真を見ながら、「○○さん（自分の名前）、ありがとう。よくがんばったね。あのときあなたが耐えてくれたからこそ今の私が生きていられるのよ。もう心配しなくても大丈夫だよ。ありがとうございます」

このような、ちょっと長い文言で語りかけるのも良いですね。

過去への感謝行はこれだけで十分です。あとは日々の継続が大事。毎日繰り返していると、やがて過去からN気が飛んでこなくなります。だんだんとトラウマが癒《いや》されます。

その頃になると、人によってはいじめっ子に対しても感謝行ができるかもしれません。その際はたとえば次のような文言を用います。

「○○さん（いじめっ子）、私に試練を与えてくれてありがとうございます。おかげ様で人の痛みがわかる人間になれました」……すごいです。感動します。

ただし、これはかなり高度な技だと言えます。ポジティブ・リフレーミング（肯定的意味づけ）と呼ばれている心理テクニックも含まれているからです。「人の痛みがわかる人間になれました」。この部分がそれに該当します。

どのような物事であっても「多面的な捉《とら》え方」が可能ですが、ポジティブ・リフレーミングでは、ネガティブに受け取られている経験や出来事の、ポジティブな側面に光を当てるのです。コップに水が半分入っているのを見て、「もう半分しかない」と悲観的に考える人もあれば、「まだ半分もある」と楽観的に考える人もいます。同様に、いじめ体験のネガティブな意味合いはいっぱいあるけれども、見方を変えると、それこそ「人の痛みがわかる人間になれました」といった具合に、ポジティブな意味合いも浮かび上がって来るものです。

大抵の場合、ネガティブな意味を強調するとN感情が刺激されますが、ポジティブな意味を強調するとP感情が刺激されます。このことからポジティブ・リフレーミングはN循環を中断させる力を秘めたテクニックであると言えます。ただ、基本的には心理カウンセラーがクライエントさんに用いる技術なので、これ以上の深入りはしません。

ただ、ポジティブ・リフレーミングの使用上の注意だけは伝えておきます。それは、くれぐれも無理しないこと。これに尽きます。

いじめっ子やいじめ体験を肯定的に受け止めた上での感謝など、そうそう簡単にできることではありません。何ごとも感謝せよなどと説教するつもりは毛頭《もうとう》ありません。無理に自分の感情を押さえ込んだりねじ曲げたりする必要はまったくありません。

これまでとは違う肯定的な見方・考え方であっても、抵抗なく自分に入ってくるかどうか。この自己観察が大事なのです。反発心（Ｎ感情）が起きていると観察できたら、無理せずさっさと撤退《てったい》すべきです。肯定的な考え方に対して腹を立てたりすると、Ｎ気を引き寄せるばかりです。

もちろんいじめだけの話ではありません。いろいろな事件や事故、家庭内の問題などについても同じことです。事件そのものや加害者に対して、無理にポジティブ・リフレーミングをおこなう必要はまったくありません。

ここはきっちりおさえておいてください。すべてに感謝できる日なんて、それはうんと先のことであっていいし、別に来なくても構わないのです。私たちの目的は特段の悟りを得ようなどということではないのですから。

「何ごともポジティブに考えよう」などといったアドバイスを見たり聞いたりすることがありますが、これはできなくてもまったく構いません。はっきり言うと、この手のアドバイスは無視する方が無難です。反論する必要はありません。「ああそうですね」でかわしましょう。

ポジティブ・シンキングは無理なくできる人だけすればよろしい。……えっ、全然できませんか？　えらく歯切れがいいですね。瞬発力抜群です。

同じような意味で、P循環療法とは「何ごともポジティブに考えることで」心身や人間関係の改善を図る治療法だと、このように勘違いしている人をときどき見かけます。そうではなくて、P循環療法とは「P気の循環を利用することで」心身や人間関係の改善を図る治療法なのです。

確かにものごとをポジティブに考えることもP気放出につながります。しかしだからと言ってなにごとも良いように考えるなんて無理だし。全然できないし。はい、もちろん私も。でもそれでいいのです。

8　ちょっと休憩——私のたったひとつのスピリチュアルな能力

ここでちょっと休憩しましょう。

……お茶でも飲みながら、私自身のことについて少し話しましょうか。

さ、どうぞご遠慮なく。アチッ！

私は大学で臨床心理学を教えている月並みな教員であり、ごく普通のカウンセラーでもあります。もちろん謙遜《けんそん》です。

カウンセラーの仕事では、もう四十年以上に渡って日々それなりに奮闘《ふんとう》してきました。

しかしもっと簡単に、もっと効率的に、クライエントさんの悩みを解決できる方法はないだろうか。そんなことばかり考えていましてね。

そのため、学術的に認められている治療法だけでなくちょっと怪しげな民間療法にも興味を持つようになりました。そして、実際にそのいくつかを体験してみました。

たとえば、沖縄の霊媒師《れいばいし》（ユタ）、前世療法、占星術、ソウルカウンセリング、陰陽師《おんみょうじ》などです。

それぞれに常識的な心理療法には見られないインパクトがありましたよ。

こうした経験を重ねるうち、何だか心理療法という狭い領域に閉じこもっているのが惜しくなってきたのですね。言い換えると、実際に効果があるのなら「科学的」に見えるかどうかにはさほど重きを置かなくなったわけです。

また、多くの宗教関係の書物を読み、実際にいくつもの宗教団体に潜入しては、そこでいったい何が起きているのか、興味津々観察する機会も得ました。団体活動が苦手なので入信することはありませんでしたが、宗教からはいろんなことが学べました。

今日お話ししているP循環療法は、システムズアプローチと呼ばれている心理療法の理論と宗教や民間療法を合体させたようなものなんです。良いとこ取りですね。

そのせいか、外見はいわゆるスピリチュアルな方法、こう言って良いならちょっと怪しげな方法に見えます。しかし本質的には心理学の裏付けを持っていますので、実際にカウンセリングで用いるだけでなく大学の授業でも教えているのですよ。……えっ、ますます怪しい？……ま、確かに怪しい話もいっぱいしますものね。でもそれは冒頭にもお話ししたように、「役に立つ仮説」なのですよ。

そもそも、私にはいわゆる霊感なんてほとんどありませんしね。いや、ちょっとだけありますけど……。えっ、聞きたい？　そうですか?!　じゃあ！

それは何かというと、ここまで何度も出てきた「気」を感じ取れるということなのです。若い頃にはそのような能力は微塵《みじん》もありませんでしたが、五〇歳を過ぎた頃から突然出現しました。

それを感じ取れる部位は目と目の間、眉間《みけん》のあたりです。周辺に漂うＰ気が強ければ強いほど、眉間の奥の方がメリメリと音を立てる感じで開いていくのです。ずいぶん風通しが良くなります。実際に呼吸が楽に感じます。私は長い間ひどい蓄膿症《ちくのうしょう》だったのですが、それもピタッと治ってしまいました。

これはトレーニング次第で誰にでもできるのではないかと考えています。実際に私の友人で同じことができるようになった者もいますしね。

眉間が開くと、Ｐ気がどんどん流入してきます。Ｐ気が全身を循環する。このような身体感覚があります。その道の専門家に聞くと、この部位はチャクラといってエネルギーが出入りする場所だと言います。そのような部位は身体に七つあって、眉間の辺《あた》りは第六のチャクラと言うのだそうです。専門的なことはともかくとして、私の第三の目として、大変重宝《ちょうほう》している能力であることは間違いありません。この力を自覚し始めてからは、Ｐ気の強い場所や物品を探すことが日常の楽しみになりました。

日本各地の神社に大変強いＰ気が漂っていることもわかりました。なぜ神社がそうなのか。理由は見当もつきません。それと、おそらく相性の問題ではないかと思うのですが、正直な話、お寺などの仏閣《ぶっかく》からはそれほど強くは感じ取れません。また、神社であればどこでも強いＰ気を感じるかというと、必ずしもそうではありません。弱いところもあります。しかし多くの神社からは大変強いP気が感じ取れます。また、同じ神社の敷地内でも、場所によってP気の強さが違います。神社によっては本殿の裏側に強いものを感じたりします。先日、ある神社では意外な場所でP気を強く感じることがあったのですが、著名な霊能者（神様と話ができるのですって。びっくりです）の書籍を拝見すると、まったく同じ場所がピンポイントで紹介されていて大変驚いたこともあります。

今日の話は「仮説としてのP気N気の存在」といった体裁《ていさい》で、誠に慎《つつし》み深く循環の原理を説明していますが、実はこうした個人的体験による確信が背景にあるのです。でもここだけの話にしておいてくださいよ。変な噂が立ったらあなたのせいですからね。許しませんからね。お茶代請求しますからね。

さて、そろそろ続きを始めましょうか。

9　神社の活用

P気を強く感じる場所の例として神社をあげました。

もちろん他にもありますが、私たちの身近な存在で、どこにあるかもすぐにわかる。このような利点から、Ｐ気を収集する方法として神社参拝《さんぱい》を強くお勧めしたいと思っています。……休憩時間に根回ししていたの、ばれました？

とは言え神社庁からの回し者ではありません。神道の専門家でもなく参拝作法に詳しいわけでもありません。これから述べることは参考程度にしておいてください。

（１）神社の選び方

すでにＰ気を感じ取れる人は別にして、どの神社が良いのかと迷う人も多いでしょう。しかし、強弱はあるもののほとんどの神社でＰ気を感じ取ることができますので心配には及びません。

失敗のない選択のポイントは、

①清潔感を感じる神社
②なんとなく好きだと思える神社

この２点です。この２点を満たせばそこはＰ気の存在が大きいと思っていただいて構いません。

何度も通いたいということであれば、

③なるべく自宅や職場の近くにある神社

これも大事な条件になりますね。

もちろんあちらこちらの神社を巡っても「浮気者！」などと叱られたりはしません。「御朱印《ごしゅいん》」を集める趣味を持つのも良いですね。

（2）参拝の作法

神社によって違いはあるものの、一般的に、

①鳥居を通過する前に一礼する
②参道の左側を歩く
③手水《ちょうず》で手口を清める
④二礼二拍手一礼

このような参拝の形式が知られていると思います。そこにどのような意味があるのか深く考える必要はありません。私も知りません。

とりあえず、それに従った振る舞いを身に付けると良いです。これがしっかりできると、周囲の視線にオロオロすることもなく落ち着いて参拝できるようになるからです。つまり参拝中にP感情が維持しやすくなる。心が乱れにくくなる。P気の交流が目的ですから、これはとても大事なことです。同じ理由で、神社には一人で出かけるほうが良いと思います。

「鈴を鳴らす」といった行為がありますが、これにはN気を祓《はら》う効果があるように感じ取れます。「気」分転換といった効果です。心身が強いN気に覆《おお》われているのではないかと感じるときはぜひ鳴らしてみると良いですよ。一時的なものではありますが、N気をさっと祓ってくれますので、境内《けいだい》のP気があなたに流入しやすくなります。もちろん大きな音で鳴らしたり、しつこく鳴らしたりは不要です。周囲の迷惑になります。下手すると、他の参拝者からN気を浴びかねません。

それと同じような効果があるのが「拍手《かしわで》」です。パンパンと両手を打ったその時、指先方向周辺のN気が散って、P気の流入する道がササーっと出来上がる感覚です。鈴鳴らしと同じで、いくらお祓いの効果があるからといっても周囲がびっくりするくらい大きな音で手を打ったりしつこく何度も打ったり。これはやめましょう。奇異な目で見られること間違いなしです。

「いや、たとえ奇異な目で見られようが自分の心さえ動揺しなければ良いのだ」

このように考える人もいるかもしれませんが、それは大変利己的な考え方です。これではP気をいただきにきたのか周辺にN気をばら撒きにきたのか、ちょっと何やってるのかわかんない。常識的な立ち居振る舞いをまずは大事にしたいところです。

なお、周囲への配慮さえ怠らなければ、柏手は自宅や職場などにおいても有効性が高いと感じます。以前、学生のノートパソコンがうまく作動しなくなったとき、柏手を数回打つだけでスムーズに動き出し、学生たちがびっくりしたこともあります。ほんとだし。

(3) 参拝で何を述べるか

祝詞《のりと》を長々と口ずさんでいる人をときどき見かけますが、そこまでする必要はありません。

「ありがとうございます」

やはりこれだけで良いのです。神社でおこなう感謝行です。二礼二拍手の後、感謝の言葉を三回ほど繰り返し、深呼吸し、最後に一礼します。

自宅でおこなう感謝行と同じで、心が伴っているかどうかはこだわらなくて良いです。すでに述べた通り、感謝の言葉自体にＰ気がこもっているからです。

しかし神社では、感謝の対象が神様になるので、自然と敬《うやま》う気持ちになりやすく、その分、感謝の言葉を発した際のパワーが増します。これも神社で感謝行をおこなうことの長所だと言えます。

もちろん中には、「神も仏もあるものか」「神様なんか大嫌いだ」。そんな人もいるかもしれませんが……。いや、そんな人はそもそも神社に来ないか。

感謝の神社参拝。目的はやはりただひとつ。神社に存在する大量かつ良質のＰ気を目一杯いただくことに尽きます。

Ｐ気の心身への流入を促進するため、まずはこちらから先手を打ってＰ気を発する作戦。それが感謝行です。打算的なようですが、これが当面の目当てです。「何ごとにも感謝できる人間になる」などと、崇高な目的意識をとらわれないように。すぐに挫折しますから。

結果的にそうなる人はいますが、最初からそんな難しいことをめざす必要はありません。「ボクちゃん、Ｐ気が欲しい！」。こんな子どもっぽい感じで良いのです。「おお、おお、息子よ（娘よ）帰ってきたか」と、きっと神様は喜ばれますよ。

思います。

（4）お願い事について

「P気が欲しい」は別にして、感謝の神社参拝においては、「ご利益追求」は避けた方が良いと思います。

一般的には、神社は祈願をするところだと思われているようです。祈祷《きとう》を受けたり、絵馬《えま》を奉納《ほうのう》したり。あなたも経験ありませんか？　少なくともお正月の初詣《はつもうで》では、健康や学業成就《じょうじゅ》、家内安全などをお願いする人が大多数だと思います。その意義や価値を頭から否定するわけではありませんが、推奨《すいしょう》する神社参拝の目的はあくまで感謝行。P気を心身に充電することにあるわけです。

もちろん人間ですから、あれがほしいこれがほしい、誰にでも我欲はあります。それは普通のことです。しかし我欲はN気の種でもあります。欲が叶《かな》えばもっともっと欲しくなり、失うことを恐れる心も強くなる。叶わなければ不平不満、怒り、愚痴、恨み、妬みの心が強くなる。我欲はN感情の生みの親かもしれません。

そのような理由で、せっかくの神社参拝なのにちょっと寂しいかもしれませんが、「お願い事」は禁止とします。感謝の言葉だけを述べる方が、うんとP気を引き寄せやすいからです。

大学では年末の講義で「初詣の仕方」を学生たちに話すのですが、その際も「お願い」ではなく「感謝」を伝えるようアドバイスしています。

どうしても「ご利益が欲しい」場合でも、「ナニナニになりますように」ではなく、すでにそれがかなった前提で、「ナニナニを実現していただきましてありがとうございます」。このように感謝の形式に置き換えた方が良いとアドバイスしています。

「ナニナニになりますように」

これは現状が「欠乏・不平不満」の状態であることを宣言した上での我欲の発露であり、Ｎ気の強い文言と言えます。

一方、「ナニナニを実現していただきましてありがとうございます」。

これは現状がすでに「充足・満足」の状態であることを宣言した上での感謝の発露であって、Ｐ気の強い文言であると言えます。

「お願い」と「感謝」では、このような違いが生まれてきます。

「先に礼を言われると神様もびっくりして、こりゃかなわんな〜、しゃあないから望み叶えたろか〜　なんて感じになるんだよ」と話しますと、学生たちが笑います。そして実際のところ、ほとんどの学生が初詣では感謝の参拝だけを行うようになりますし、その評価も上々です。

ただし「先に感謝したら本当に願望が実現した」などという報告を楽しみに待っているのでは

ありません。

「なんだかとにかく気分良かった。すっきりした」

大事なのはこれ。このようなP感情の経験が報告されると、本当に嬉しくなります。

P気をいただくと、P感情が生まれ、P循環が作動します。P気充電のため、自宅での日々の感謝行に合わせて、ときには神社での感謝行にもチャレンジしてみることをお勧めしたいと思います。

ところで、年明けの講義においては、神妙に反省する学生もあらわれます。

「これまでは神様に要求ばかりしていました。小銭を投げつけながら（笑）。感謝の気持ちをすっかり忘れていたようです」

それに対して私は遠い目になります……。

「私なんて50歳になるまでそうでしたよ。良かったね、若いうちに気がついて」

さて、あなたはいつまでお続けになりますか？

（5）お賽銭《さいせん》について

小銭であろうが札束《さつたば》であろうが、お賽銭はP気を浴びるための条件ではありません。その多寡《たか》によって得られるＰ気の質量が違ってくるなどということはありません。

ただ、神社にも諸々の運営資金が必要なはずですから、そのような観点からお賽銭をはずむことは大変良いことだと思います。

金額ではなく神社の役に立ちたいという思いが何より大事です。これがＰ気を大放出する。すると境内のＰ気たちがやんややんやと喜び勇んで集まってくる。こんなイメージです。

逆に、「もったいないなあ。嫌だなあ」などと思いながらのお賽銭。あるいは「バチが当たったら嫌だから」などと不安を持ちながらのお賽銭。このような寄進行為にはＮ気が伴っているわけですから、境内のＰ気にはほとんど見向きもされません。残念。

お賽銭に関しては、ある程度喜んでできるようになるまで無理にすることはないと思います。もっと言うと、神社参拝そのものも「面倒くさいなあ」と思うなら無理には行かないほうが良いということです。ほらね、神社の回し者じゃなかったでしょ？

しかしそれでもなお、何度でも言いますよ。日々の感謝行だけでも十分効果的だけど、ときどき神社も活用するとＰ気の充電が一段と促進されること間違いございません。お試しあれ。

（6）打算を超えて

そもそも、P気をもらうために感謝をするなどといった打算的な考え方がけしからん。自分が元気になるためにとか、運を良くするためにとか。それこそ我欲のカタマリみたいなものじゃないか。そのようなことが目的の神社参拝は逆にN気を満々と発散していることになりはしないか。

このように指摘する人がときどきおられます。いやなかなか鋭い。まったくその通りなのです。神社参拝に限らず、自宅での日々の感謝行であっても同じことが言えると思います。「自分に何か良いことが起きることを期待してP気を集めよう」などというのは、確かに我欲に違いありません。

しかし実際運用上の話、当面の間はそれでも構わないと考えます。どんな動機からであっても、ともかくP循環形成の第一歩を踏み出してもらえるのなら、最初はそれで良しとします。なぜなら、P気がたくさん充電され、P感情が豊かになり、その結果人生的にP循環がしっかりと形成されると、通常、当初の我欲も姿を変えてしまうからです。

それは多くの場合、「誰かのために（社会のために）充電したP気を役に立てたい」。このような思いへの変化です。これを「利他」の思いと言います。自分のため（利己）だけではなく、世のため人のためP気を収集したい。充電したい。その志《こころざし》を強く持って自宅や神社での感謝行に熱心に取り組む。このように、外見は以前と同じであってもその動機はすっかり変わってしまいます。

「他者のために」――利他を動機とした感謝行ほどパワフルなものはありません。超弩級《ちょうどきゅう》のＰ気が集まってまいります。その人の志の実現を応援するかのように大集合するのです。

「他者のために」――これほどＰ気が喜ぶこと、本当にちょっと他には思いつきませんね。

10　お神札《ふだ》の活用

本当に神社はＰ気の宝庫です。こんな場所で毎日の感謝行（感謝参拝）ができたら、どれほど素敵なことでしょう。

しかし、自宅での感謝行と違って、これを毎日おこなうのは結構大変です。神社まで出向く手間や雨風の日を思うといささか億劫《おっくう》になります。我が家に神社があったらなあなどと横着《おうちゃく》なことも考えてしまいます。

そんなあなたにぴったりな……いや失礼、そんな私にもぴったりな素晴らしい代替物《だいたいぶつ》が、ちゃんと用意されているのですね。

それがお神札です。

実際に、お神札のあるおうちは結構多いのではないでしょうか。タンスの上に置いてあったり、立派な神棚《かみだな》に祀《まつ》ってあったり。これがなかなか強いP気を放っているのです。どういうメカニズムなのか、私にはさっぱり見当もつきません。しかし原理はともかく、お神札は神社のミニチュア版だと言って良いです。最初にそれがわかったときは、本当に飛び上がるほど嬉しかったものです。

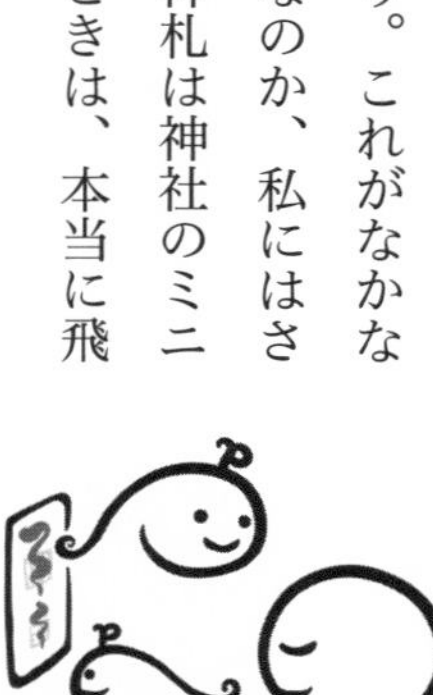

(1) 継続効果

ここまで述べてきたように、「ありがとうございます」と就寝前に繰り返す。このような通常の感謝行を日々行うだけでP循環形成につながります。

ただ、ひとつ難点があって、続かなくなる人がいるのです。

すぐに何らかの効果が感じられる人は継続できますが、ピンとこないと、生活スケジュールにおける優先順位が低くなってしまうのでしょう。

多忙な日常生活の中、ついつい忘れてしまう。

「一日くらい、まあいいか」と考える。

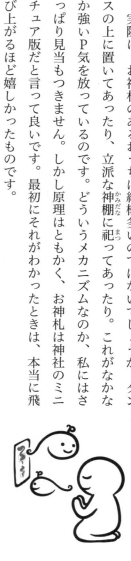

そんな日がときどき出てくる。

そのうち忘れたことも気にしなくなる。

そして長い間のご無沙汰。

続かない人はだいたいこんな経過をたどってしまいます。中には三日坊主になる人もいます。

しかし、お神札を自宅に置いて手を合わせる。このような形式の感謝行を採用すると、継続できる人が多くなるのです。おそらく、「儀式的」であることと「目に見える対象（お神札）の存在」が、高い継続率につながるのではないでしょうか。

（2）置き方

あくまで感謝行で用いることが目的なので、専門書に書いてあるようなルールにこだわることはありません。仰々《ぎょうぎょう》しく「祀る」のではなく気楽に「置く」ことを優先します。

「立派な神棚を準備して、中央には伊勢神宮のお神札、右には氏神《うじがみ》神社のお神札、左には崇敬《すうけい》神社のお神札を祀る」。はい、忘れてください。

「榊《さかき》やお米・塩、お酒・水などをお供えする」。はい、忘れてください。

感謝行で用いるお神札は、一枚で十分です。お気に入りの神社でいただきます。お神札の表面に被《かぶ》せてある薄紙は剥《は》がしてください。私の感覚ではこれを取った方がP気が強く溢《あふ》れてきます。ひょっとすると、この薄紙はP気の漏《も》れを防ぐ安全装置なのかもしれません。剥がした薄紙は普通にゴミの日に出して良いです。

神札は安価なお神札立てに入れても良いしタンスの上に置くだけでも良い。ただ、P気は清潔感のあるところに集まるので周辺はきちんと掃除《そうじ》しておく方が良いです。えっ、掃除が苦手？　頑張って。

感謝行の道具としてはその程度のことで十分です。

神様に失礼なのではないか。バチが当たるのではないか。ちょっと身構えるかもしれませんが、心配ご無用。

「神様はあなたのことが大好きです。あなたが幸せになるためにお神札を利用してくれることを心から喜んでいます。あなたが幸せになることが神様の幸せだからです」。泣けますね。ちょっとハンカチ貸して。

（3）消費期限

お神札には消費期限があります。

最初はP気横溢《おういつ》状態ですがだんだんとそのパワーが落ちていきます。一年前後でなんとなく元気がなくなります。一年半から二年ほど経つとP気がかなり弱くなってしまいます。だんだんと普通の札《ふだ》になるようです。

しかし条件次第でP気の強さや持続期間が変わります。お神札に向かって感謝行を毎日おこないますと、やはり「パワーの持ち」が良いのです。感謝行でP循環が活性化するので、お神札にも新鮮なP気が充電されるのかもしれません。人とお神札が持ちつ持たれつの関係になるようです。

一方、ただ置いていただけのお神札はP気の抜けが早いように感じ取れます。ほんとに一年ポッキリと考えて良いでしょう。一般的にお神札は一年で交換するよう推奨されていますが、これには大いに納得です。

交換する時は、ゴミに出したりせず、神社にお返しして新しいものをいただくのが良いです。バチが当たるのではありません。気持ちの問題です。お世話になったのにゴミに出すって、なんだか気が咎《とが》めるでしょ？　気が咎めることはやめた方が良いです。「お世話になったもの（人）への態度」は、生活全般に、一事が万事、繰り返し現れるものです。気をつけたいところです。

（4）方法

お気に入りの神社のお神札を自宅に置くと、それだけでもなんだか心身がシャキッとするものですが、大事な用途は感謝行です。
おすすめの方法は次の通りです。だいたいで良いです。

①お神札の前に立つ（座っても良いです）
②姿勢を正してパンパンと両手を叩く（N気が祓われ通路が開きます）
③簡単な感謝の言葉を述べる（P気を送る作業です）
④30秒～1分ほど、深呼吸をするなどして、お神札からのP気を味わう（P循環に入ります）

以上です。

起床時はお神札を用いての感謝行、入眠前は通常感謝行。このような使い分けも良いと思います。そしてたまにはお気に入りの神社にお出かけしP気を思いっきり浴びる。想像するだけでもP循環が始まりそうではありませんか！　でも想像だけで終わらないように。

（5）注意点

もしも家族がお神札を嫌がったら絶対に無理しないでください。家庭内Ｎ循環の元になってはいけません。家族が気持ち悪がるようならやめた方が良いです。その点、通常の感謝行は大声でもあげない限り周囲と摩擦《まさつ》が生じませんから、方法としてはやはり第一選択であると言えますね。

それと、ここでの提案はあくまでお神札を感謝行に用いる際の方法であって、通常のお神札祀りを否定するものではありません。立派な神棚や神具《しんぐ》、お供《そな》え。その意義はまた別の次元の話であるとお考えください。

（6）お守り

神社でいただくお守りも利用できるでしょうか？　はい、利用できます。

ただ正直なところ（私には）お神札ほど強いＰ気を感じられません。感覚的には⅓～⅒くらいです。しかし携帯できる便利さを思えばその利用価値は大変高いと思います。お気に入りをひとつポケットに忍ばせておき、気が向いたらそれを握って感謝行。これもなかなか良いと思います。

消費期限はやはり一年ぐらいです。

それにしてもお神札やお守りはどのような仕組みでＰ気を帯びることになったのでしょうか。

そもそもどうして神社にはＰ気がどっさりあるのでしょう。境内の中にも強弱があるのはなぜなんでしょう。この辺り、私には本当に謎だらけなのです。しかしわからなくても感謝行に不自由はしません。パソコンの仕組みがさっぱりわからなくてもメールやネットは便利に利用できる。そんな感じですね。

11　先祖《せんぞ》供養《くよう》の活用

もうひとつ、効果的な感謝行の形式がありますので紹介しておきたいと思います。これも多くのクライエントさんが取り組んでおられ、Ｐ循環形成に役立っています。

それは先祖供養です。

お墓参りに行くのではありません。毎日自宅で行います。お仏壇がなくても大丈夫です。

ご先祖様に向けて感謝のＰ気を送る形式になりますが、実はこれ、他の形式の感謝行と比べてもかなり高い効果が観察されています。おそらく通常の感謝行や神社・お神札を用いた感謝行とはまた何か違った仕組みがあるに違いありません。

そこで単に方法を教えるだけでなく、先祖供養だけが持つＰ循環形成の作用機序《さようきじょ》についても詳しく述べたいと思います。ここまでの「怪しさ」をさらにひとつ突き抜けるレベルですが、どうかご辛抱《しんぼう》のほど。いや、お楽しみに。

（1）先祖供養の心

私たちはある日突然ポコッとこの世に出現したのではありません。多くの先祖が歩んできた気の遠くなるような長い時間があって、その末端《まったん》で生かされているのが現在の私たちです。ご先祖様が一人でも欠けると「今のあなた」は存在しなかった可能性があります。

このような思いを持ってご先祖様に向きあい、生かされていることの感謝を捧げるのが先祖供養の基本形になります。

（2）対象と文言

先祖には名前や顔を知っている人だけではなく、その存在すら忘れられた多数の人たちがいます。それもすべて含めてのご先祖様ですから、特定の人物だけを思い浮かべて感謝するのではありません。

広く「ご先祖の皆様、ありがとうございます」といった文言になります。

現在の自分につながってくる、悠久《ゆうきゅう》の歴史に思いを馳《は》せるような心持ちです。その意味で、特定の故人の写真は用いません。

(3) 方法

日常の感謝行と同じ形式でも良いのですが、簡単な道具があるとさらに良いと思います。あまりにも仰々《ぎょうぎょう》しいのはどうかと思いますが、ちょっとした「儀式」を採用することは、お神札の例もあるように継続の役に立つからです。

もしもおうちに仏壇があれば、その前で行うのが良いでしょう。その際、お線香をあげるとさらに良いかと思われます。

仏壇がない場合はわざわざ新調する必要はありませんが、基本的には毎朝、(あれば)お仏壇の前でお線香をあげ、「ご先祖の皆様、ありがとうございます」と感謝の言葉を述べる。たったこれだけです。わずか一~二分のことでしょうか。

なお、ご先祖様に何かのお願い事をするのは神社参拝の際と同じ理由で禁止とします。お願い事はN気を送ることになりかねません。

（４）方法、補足

先祖供養には多くの方法が存在しますので困惑する人もいると思います。仏壇のないおうちもたくさんあるだろうと思います。我が家もそうです。

そこで、そのような人には一例として「伊勢《いせ》白山道《はくさんどう》方式」をおすすめしても良いかと思います。ただし著作権の問題もあるので、詳細については伊勢白山道氏の著書に直接当たってみてください（巻末に紹介しています）。

私自身は伊勢氏とは何のつながりもありませんし特別な信奉者でもありませんが、その先祖供養の方法については感心することしきりです。実に明快でわかりやすく、簡便なので毎日継続しやすい。何らかの団体に入会する必要も一切なく、お金もほとんどかからない（初期の準備に五千円ほど。あとは線香代だけ）。ただし、その有効性を他の方法と比較実験したわけではありません。決して特定の方向づけをするものではありませんので、くれぐれも自己責任でお願いします。

（５）先祖供養の何が効くのか――その１

多くのカウンセリングをおこなった経験から、先祖供養の形式をとる感謝行は特に有効性が高いと感じています。

もちろん神社参拝やお神札を用いることと同じで、先祖供養に強い抵抗のあるクライエントさんに無理強《むりじ》いしたりはしません。先祖供養に興味がなくてもそれはそれで構いません。P循環を形成するためには先祖供養が必須《ひっす》である。そんな話ではないからです。とはいえ確かに高い効果が伺《うかが》えるのも間違いない。

ここからは他の形式の感謝行とはちょっと異なるその作用機序について考察したいと思います。まず最初にあなただけに種明かししたいことがあります。それは私が日頃おこなっているカウンセリングのプロセスです。

①症状や問題、悩みに関して詳しく聴く
②P循環、N循環の説明を行う
③P循環の形成を目的とすることの合意形成
④P気を収集のためのさまざまな形式の感謝行を提案　←　イマココ
⑤2回目以降の面接では、生じてくる変化を拾い続ける

原則的にはこのような展開になります。

特に2回目以降は重要です。良い変化は大変小さなところから始まるので、自分一人だと見逃してしまいがちですが、聴き手（カウンセラー）がいることで些細《ささい》なことにも気が付けるようになるのです。問題に注目するより小さな良い出来事や微細《びさい》な変化に注目することもまた、P循環形成の大変効果的な手段であると言えます。「良いところさがし」ですね。こうして多くの人がやがて自分の人生を取り戻すようになります。

「感謝行」はそのような心の切り替えの役に立ち、P循環を形成するきっかけとなる。一般的には、このような説明で良いと思います。「気」がどーたらこーたら言い始めると、中にはちょっと薄気味悪く思う人もいますのでね。「気」の話まで開陳《かいちん》するのは、あなたのようにちょっと話の分かる人にだけ。

しかし、先祖供養を用いた感謝行によって生じる変化の理由は、それだけではまだ何かが言い足りないように思えるのです。

「重篤《じゅうとく》な」「重症の」「手に負えない」「どうしようもない」。周囲からこのようにレッテル貼りされた症状や問題を持っている人であっても、日々の先祖供養をおこなうことで比較的早期に回復に至ることを多々経験するからです。それは提案者である私でさえびっくりするくらいです。私の同僚も驚きます。「あの人がそこまで変わる？」と言うほどに。それは単に「心が切り替わったから」「P気が充電できたから」「P循環形成のきっかけになったから」。これだけではうまく説明がつかないレベルの変化に見えます。何かプラスアルファがあるように思えてなりません。

そこで先祖供養のなんたるかを理解するために、またひとつの仮説を提示したいと思います。ずいぶん怪しい話ですがご辛抱ください。あっ、もう十分辛抱してますか……そりゃそうだ。

(6) 先祖供養の何が効くのか——その2

その仮説は次のとおりです。

(仮説2) 人間は誰でも本来根源(P気の親分)とつながっていて、そこから枝分かれする形でこの世に生まれ出ている。枝一本一本が自分の先祖が歩んできた道程であり、今生きている私たちはその枝の先端部分に当たる。誰にでも根源からの「栄養」(P気)が行き渡るのが通常であるが、もしも枝の途中に「詰まり」(N気のカタマリ)が存在すると、栄養が先端まで十分には届かなくなる。この詰まり(N気のカタマリ)とは、先祖が残したN気が結晶化したものである。

本当にいよいよ怪しくて、もちろん真実であることの証明なんかはできっこありません。

しかし、この仮説を本気になって採用すると先祖供養の作用機序がそこそこ理解できるようになるし、それに合わせて先祖供養に対するモチベーションも高くなるのですよ。

以下、仮説2を解説します。

本来なら私たちは黙っていても、つまり何も感謝行などしなくても自然とP気を無限に供給されている存在であると考えます。P気の親分が誰に対しても平等にP気を流してくれています。ちょうど光と熱を届けてくれる太陽のように。

しかし、もしもその通り道が詰まってしまうとP気の流れが悪くなります。台所のパイプにゴミが詰まった状態、あるいは動脈に血栓《けっせん》ができて血液の流れが悪くなっている状態。これと同じです。この「ゴミ」や「血栓」にあたるのが「先祖のN気」なのです。

私たちは人生において、悲しいこと辛いこと腹の立つこと怖いことなど、山ほどのN感情を経験します。当然、私たちの先祖も同様の経験をしたことでしょう。中には言葉にならないほどの恐怖心や恨み心、憎しみの心を抱いたまま亡くなった人もいるはずです。あるいはこの世に大きな未練を残して亡くなった人もいたでしょう。

その際、強いN気が放出されたに違いありません。自然に消滅する程度のN気であれば問題ありません。しかし非常に強烈なN気だと、それこそ周囲のN気も巻き込み、台風のような大きな渦《うず》を形成します。これがN気のカタマリです。中には巨大台風並みのカタマリもあることでしょう。

もしもこのようなN気のカタマリがP気の通り道を塞《ふさ》いでしまいますと、私たちには親分からのP気が届かなくなります。

これが私たちにP気が不足しているそもそもの原因だと考えるわけです。遺伝子レベルの話ではないものの、そもそも最初からP気不足なのです。そのためにどうしてもN循環になりやすい傾向を備えている。それが私たちという存在であると考えます。

とは言え、短気を起こして先祖を責めてはいけません。家系を呪ってはいけません。そんなことではますますN気を呼び寄せます。「先祖の祟《たた》りじゃ〜」などと恐れてはいけないのです。

そもそも「先祖の祟り」などはありません。それは、ある現象に対するただの命名（名付け）

にすぎません。名付けが、その言葉の持っている力で私たちに恐怖を与えるのです。これは「名付けのトリック」です。

ウソだと思うなら、あなたがすごく怖いと思っているものに「ちゃん」をつけて毎日呼んでごらんなさい。恐怖心が少し和らぐのを発見するはずですから。

例えば「失敗」が怖いのなら「失敗ちゃん」。あっ、また失敗ちゃんがやってきた！　こんな感じです。奥さんが怖い人は「奥ちゃん」ですね。ただしくれぐれも本人の前で言わないように。知りませんよ、どうなっても。おっと、話が脱線しました。

それと、他の（一見平和そうな）家を羨《うらや》ましがってはいけません。それもN気を引き寄せます。そもそも何の問題もない家庭などどこにもありません。隣の芝生は緑に見えるものです。また、強烈なN気を放出した先祖なんか一人もいないぞという家もありません。山ほどの先祖を辿《たど》れば間違いなく、多勢、います。

よって、先祖の残したN気は我が家においても必ず存在するとの前提で、それにいちいちうろたえたり恨んだりするのではなく、私たち自身の手で淡々と先祖の残したN気を処理すれば良いのです。それが自分自身のP循環の形成に貢献することを信じて。次世代（子どもや孫）にその悪影響を残さないためにも。

それを実現してくれるのが先祖供養だということです。

日々の先祖供養で感謝の言葉（P気）を放つと、「詰まり」を起こしているN気のカタマリがP気に包まれます。そして自然と緩《ゆる》んでやがて溶けて消えます。

実際には根源（親分）から来るP気と私たちが放つP気の両面攻撃って感じですね。共同作業です。ウルトラマンとウルトラの父が二人がかりでスペシウム光線の挟《はさ》み撃ちをするようなものです。これにはさすがのN気のカタマリも耐えられません。

その意味では、ウルトラマン役の私たちに少しでもP気が充電されている状態での先祖供養は一層効果的です。おすすめとしては、お神札を用いた感謝行をおこなった直後（あるいは通常の感謝行をおこなった直後）に先祖供養をおこなうと良いと思います。

このような現象に対しては「不成仏霊を成仏させる」と表現されることがありますが、そのような表現でも構いません。説明の仕方が違うだけで、実際に生じていることは同じことだと考えます。私はそれを霊ではなくN気だと呼んでいるまでのことです。

また、「根源」を「P気の親分」と表現してきましたが、これを「神」「仏」と言い改めることにも躊躇《ちゅうちょ》ありません。名称の正しさにこだわるのではなく、私たちにとって親しみのある表現を用いて思考すれば良いと思います。

実際のところN気にせよP気にせよ、それが大きく渦巻いてカタマリになりますと、（いわゆる）霊感の強い人には形象あるものとして知覚されることがあります。「幽霊」「悪霊」「悪魔」「妖精」「天使」「神様」などとして見えたり会話できたりするわけです。私にはそのような才能はまるでないので想像もつきませんが、特殊な能力を持つ人は本当に存在します。

もちろん私たち一般人にはそのような能力は必要ありません。ただ、そのような形象の正体はN気やP気の巨大な渦巻・カタマリなのだと、このように理解することは役に立ちます。「幽霊」や「悪霊」など何も恐怖することはないのです。渦巻の大きさにもよりけりですが、基本、感謝のP気でほとんど対応可能なのですから。ただし稀《まれ》に見られる「貞子級」の超大型渦巻の場合は、シロウトには対応困難になりますのでご注意のほど。

さて結論。日々の先祖供養は先祖の残したN気を消す（成仏させる）力があります。パイプ詰まりを一掃《いっそう》してくれます。

これにより根源（神仏）からのP気が怒涛《どとう》の如《ごと》くあなたに届くようになり、いろいろなことが順調に進むようになる。

通常の感謝行以上に、おそらく神社参拝以上に、感謝の先祖供養が効果的である理由はここにある。このように考えたいと思います。

とは言え、もちろんここまで述べてきたような考察が正しいかどうかはわかりません。ただ、そのように考えることで先祖供養によって生じる大きな変化の理由が得心できるし、また先祖供養のモチベーション・アップにもつながる。私はそれで十分だと思っています。

先祖供養がなぜ効果的なのか。本当は何が起きているのか。科学的な究明も待ちたいとは思います。しかし、そこが曖昧《あいまい》なままであったとしても、とりあえず「役に立つ」から実行してみる。今のところはこれで十分ではないでしょうか。

12　守護霊の活用

ここから一段と話が怪しくなって参ります。大丈夫ですか？

まず次の仮説を採用します。もちろん科学的には証明不可能です。「本当かどうか知らないが、役に立つので採用する」。プラグマティズムの精神で進みます。

（仮説３）人間には「守護霊」がついている。それは私たちの先祖の代表である。子孫で

ある私たちをさまざまな危険から守り、人生航路を安全に導いてくれるガイドである。私たちに種々のインスピレーション（ひらめき）を与えてくれる存在でもある。それは「Ｐ気のカタマリ」である。「安心」と「良心」の源《みなもと》である。

ここで言う「守護霊」も一般人には見えません。

なんらかの形象として見えるし会話もできる。こういった人たちも確かに一部存在しますが、一般的にはそのような奇異な能力はまったく必要ありません。このような仮説を信じてみる、子どものような素直さがあれば、それで十分です。ただし悪徳ニセ霊能者も多々存在しますので、素直になりすぎて言われるままに金銭を搾取《さくしゅ》されてはいけませんよ。目覚めよ、我ら！

ではこの仮説を信じることにどのような利点があるのでしょうか。

一番良いところは常に「安心感」を保てることです。

感謝行は私たちにＰ気をたくさん与えてくれます。感謝行を日々継続することでＰ気は私たちの内部や周辺にとどまります。「あなた、すごく良いオーラに包まれていますね」などとその筋《すじ》の人にびっくりされることもあるでしょう。ただ、オーラだとかＰ気だとか言われても「オラはピンとこねえ」という人が多いのではないでしょうか。

ところが、「先祖が守護霊としてそばにいてくれる」――このように人物化してイメージしますと先祖だけに親しみもあり、この人生の大海原《おおうなばら》を航海するにあたって「一人ぼっちではない」ことがしみじみと嬉しく、ありがたく感じられるようになります。もちろん会話などできなくても良いのです。ただただその存在を身近に意識することが大事です。1日24時間、ずっとそばにいてくれます。

ときどき「私は孤独だ」と訴えるクライエントさんに会いますが、それに対して私は「ごめんね。あなたの存在にまだ気がついていないのですね」とクライエントさんの背後にいる守護霊に語りかけるようにしています。もちろん心の中で、です。いや、マジで。

二番目に良いところは守護霊にずっと見られているといった意識を持てることとです。

何をするにしてもあなたの行動を守護霊は全部見ているのです。エッチ、などと怒ってはいけません。決して守護霊に監視されているわけではありませんし、何かのご褒美《ほうび》をもらえたり懲罰《ちょうばつ》を受けたりするわけでもありません。守護霊はただ私たちの行動を見ているのです。

だからこそ私たちは「守護霊に見られても恥ずかしくない行動」を取ろうとします。他人をいじめて喜ぶとか、金品を盗むとか、人を騙《だま》すとか、そんな恥ずかしい行動はとてもできなくなります。

「お天道様《てんとうさま》が見ているぞ！」と叱られて「悪いことするのは夜だから大丈夫だ」と開き直った泥棒がいたそうですが、守護霊は昼夜分かたず私たちを見ています。

このように守護霊を意識することで、私たちは「安心感」と「良心」を得ることができるのです。とは言え守護霊にも強弱があります。ではどうすれば強くなるのでしょうか？　もうお分かりですね。やはり感謝行です。

守護霊はあなたの中にある（あるいはあなたを包んでいる）Ｐ気のカタマリの別称なので、Ｐ循環を起こせば起こすほど、つまりあなたの方から先んじてＰ気を与えれば与えるほど守護霊はどんどん強くなります。そしてますますあなたにＰ気を送ってくれます。心を豊かにしてくれます。幸運を演出してくれます。良いインスピレーションを多々与えてくれます。良いことだらけですね。どうです？　この仮説、ひとつ採用してみませんか？

親しみを込める意味でも「私の中の守護霊様」と呼びかけ、続けて「いつもありがとうございます」と感謝を述べるのが良いのではないでしょうか。

「私の中の守護霊様、いつもありがとうございます」

守護霊が大喜びすること、間違いありません。

第3章

N循環からの脱出

1　頑張るN気

ここまではP循環を形成する方法を述べてきました。それは各種の感謝行を用いたP気の収集と充電でした。

これを続けますと私たちの内部や周辺に漂うP気が自然とN気に勝るようになり、心身や対人関係のN循環がいつの間にかP循環に転じていく。このようなマジックが起きるわけです。

いわばP気は光でありN気は影ですから、光の当たった影は消えざるを得ません。これが原則です。ところが、私たちの心が影を恐れると（意識し過ぎると）注目された影は喜んでいつまでものさばります。注目することで影に不相応な存在感を与えてしまうことになるのです。症状や問題、悩みなどへのとらわれがこれに当たります。N気としては、何としてでも私たちから離れまいと頑張ります。

そのため、感謝行を始めてはみたものの、N気が強すぎて感謝のP気がすぐに跳《は》ね飛ばされてしまう。このように感じる人もいるかもしれません。感謝行を続けることに意味を感じなくなり、意欲をなくす人もいるかもしれません。

これこそN気の典型的必勝パターンなのです。N気として生き残るための最大にして唯一の戦略は、「強いN気」を演じてあなたをビビらせること。注目させること。これに尽きるのです。本当はただの「影」なのに。

さて、N気には「自分が放出するN気」と「他者から飛んでくるN気」があります。時には単体で、時には合体して、私たちにとりつきます。

「自分が放出するN気」は、心身の不調がずっと気になっている。いつも子どものことを心配している。人間関係の悩みが頭から離れない。常にイライラしていて勉強や仕事が手につかない。例えばこのような状態像として観察されます。

「他者から飛んでくるN気」は、家族や友人のキツイ言葉。上司や同僚の嫌味な態度。例えばこのような現象として観察されます。

感謝行を始めたからといって、これらがすぐに解消するわけではありません。連日襲い来るN気によって、感謝のP気が雲散霧消《うんさんむしょう》することもあります。感謝行を続ける意欲が削《そ》がれてしまう一番の理由です。

そこで、このようなヤンチャなN気の扱いにも少々手慣れておく必要があります。さて、どうする？

2 言葉の力の活用

神社参拝のところで述べましたが、鈴の音や柏手《かしわで》はN気を一時的に追っ払います。それと同じように、強い言葉を用いることでN気をエイヤッと断ち切ることができます。

不安や心配などのN感情を自分の中に認めたとき、あるいは外的なN気を感じたとき、お気に入りの「おまじない」をビシッと口にします。心の中で言うのもありです。おまじないの文言は特に限定されませんので、自分の気に入ったものを選ぶことが大事です。

使用時の流れは次のようになります。

①N感情が自分の中に湧いてきたことを自覚する
②おまじない
③N感情を観察する

④必要があれば、再度おまじない

この繰り返しです。

おまじないの力（言葉の力）もさることながら、N感情の「自覚」と「観察」が大変重要です。「本来自分の中にあるものを外に取り出して眺《なが》めてみる」。これを専門用語では「外在化」と言います。外在化によってN感情から少し距離が取れるようになると、それだけでも心が落ち着きます。その上で、言葉の力でN感情を退散させるわけです。そして、結果観察。まだ残っていれば、もう一度おまじない。この繰り返しです。

おまじないについては、私の場合は「一切衆生悉有仏性《いっさいしゅじょうしつうぶっしょう》」とか、「あにまにまねままね」など、仏教経典の中の一節を重宝《ちょうほう》しています。好きな神仏の名前を呼ぶのも良いです。意味がよく分からなくても構いません。なんだか力のある言葉だなと、あなたに直感できれば良いのです。聖書の中のイエス・キリストが放った言葉、「サタンよ、去れ！」——これを真似《まね》して、「Nよ、去れ！」——このように一喝《いっかつ》しても良いでしょう。

ある人は「私は神の子、万事うまくいく」と宣言します。特に、「大丈夫だろうか？　失敗しないだろうか？」などといった不安が出てきたときなど、そのN気を退治するのに有効です。これを常日頃からの口癖にしておくと、不安や心配などのN気が循環しにくくなり、自然とN感情が出てこなくなります。また、言葉の暗示作用も重なって、本当になにごともうまくいく確率が高くなります。

「私」の部分を誰かの名前に入れ替えても構いません。子どものことが心配で仕方なかった母親は、その子の名前を入れて活用しました。「〇〇（子ども）は神の子、万事うまくいく」。できれば配偶者のお名前も！　いいえ、無理には申しません、無理には。

また、「〇〇（子ども）はとても良い子です。もっと良くなります。ありがとうございます」といった具合に、感謝行と合わせた文言を用いた母親もいます。

これは私が勤める大学の学生ですが、京都駅から大学までの道のりを「天才が、歩くよ歩く、イッチニ〜、イッチニ〜」とつぶやきながら通学した者もいました。本当に素晴らしい成績で卒業しましたよ。

また、「P循環！」と小さく叫んでN循環から一時脱出することもできます。

これは学生食堂で実際にあった出来事ですが、何かの揉《も》め事でしょうか、学生たちが仲間内でちょっと不穏《ふおん》な空気に包まれていました。するとそのとき、「P循環！」と一人の学生が片手を上げて叫んだのです。みんな一瞬びっくりします。そしてすぐに笑い出しました。なんとその場の空気が一気に和んだのです。ちなみに彼女らは私の講義を受けていた学生たちでした。はい、ちょっとお自慢です。

ただしこのような処置は「頓服薬《とんぷくやく》」みたいなものです。あくまで一時的で対症療法的なものだと割り切ってください。ベースに日々の感謝行があるからこそ両方相まって本質的な変化に繋がるのだと、このように考えていただきたいと思います。

3　お口チャックの活用

心の中で思うだけでもその内容に応じた「気」が外部に放出されますが、口にすると放出量は増大します。

その点、人との会話や独り言は要注意。N気の放出に繋《つな》がるような言葉はなるべく使わない方が良いです。特に人の悪口はN気を飛ばしまくります。たとえその場にいなくても悪口の対象にはきちんと届きます。すると相手もこちらのことを「なんとなく好かんやつだ」と思うようになるわけです。以心伝心《いしんでんしん》のN循環です。

「死んじまえ！」「くたばっちまえ！」「バカやろう！」などの言葉を怒りの感情とともに発しないように気をつけたいところです。「もうだめだ」「疲れた」「死にたい」「あっちが痛い、こっちが痛い」などの言葉が口癖になっている人も改めた方が良いでしょう。もちろん、誰かにSOSを発信したい時まで我慢せよなどと言うのではありません。あくまで「口癖」になっている場合のことです。

ぜひご家族で点検しあってみてください。ただし、配偶者の言葉遣いをチクチク責めたりして、夫婦喧嘩にならないよう気をつけてください。夫の「くたばっちまえ、バカやろう！」の声が近所に聞こえても知りませんからね。あっ、奥さんの声でしたか。

4 逃げる

外部からやってくるN気にはなかなか手強いのがおります。たとえば、あなたが中学生で、クラスにイヤないじめっ子がいるとしましょう。「サタンよ、去れ」はきっと効果がありません。

ここは当面の間、我慢せずに逃げるが勝ち（価値）なのです。

まずは我が身を外的なN気から守りましょう。逃げるは役に立つ上にまったく恥ではありません。堂々たる理由なのですから、学校なんかジャンジャン休んでいいのです。「不登校」であなた自身やあなたの家族の価値（勝ち）はなくなったりしません。ただ、いじめの存在は必ずおうちの人や学校の先生に伝えましょう。あとは大人に任せて、あなたは自宅で感謝行。できれば家族みんなで感謝行。これで良いのです。

感謝行を続けているうちに、自然といじめが解決に向かうかもしれません。少々のことなら上手に対応できるようになるかもしれません。「なんとかなるだろう」。このような強い気持ちが自然と出てきたら、初めて現実に立ち向かえばいいんです。

大人でも原則は同じことです。外部から来るN気に対する対策の第一選択はやっぱり「逃げる」。命を削《けず》ってまで耐えることはありません。「逃げずにがんばれ！」はウソだと断じてよろしい。逃げてこそ次の展開もあろうというものです。

ただし日々の感謝行はお忘れなく。その上での「逃げる」選択なのです。そして、ここはちょっと頑張ってみようかなと思えるようになったら、その時は素直に行動してください。日々の感謝行から得られたP気が、P循環が、必ずあなたの力になってくれます。

5　N返し

(1) 放たれたN気

N気を放ってくる人や環境からは逃げる（離れる）のが一番。これは鉄則です。

しかし実際にはなかなか現場から離れられない場合もあるでしょう。会社を辞めたくても、離婚したくても、経済的な事情などでなかなか決心がつかない。そんな人は案外多いのではないでしょうか。

そうこうしているうちにも「あいつ」が罵声《ばせい》を浴びせてくるかもしれません。ちょっとした嫌味や皮肉めいた言葉を投げつけてくるかもしれません。聞き流せるようなら免許皆伝《めんきょかいでん》ですが、実際のところは難しい。大抵の場合、あなたもN感情の虜《とりこ》になります。

もちろん「あいつ」が必ずしもあなたのことを心憎く思っているとは限りません。コミュニケーションの稚拙《ちせつ》さはあるかもしれませんが、あなたのことを想って言ってくれた可能性もありえます。ひょっとすると自家発電的にあなたの中にN気が渦巻いただけかもしれません。「気にしすぎ」「考えすぎ」という現象です。この場合「N気にしすぎ」ですね。しかしまあこれは少数派としましょう。大抵は実際にN気が放たれたと見て良いでしょう。

また、遠く離れたところからN気を放ってくる人もいます。軽いものなら「悪口・陰口」の類い。ひどいのになると「恨み」の類い。大声であろうがひそひそ声であろうが、どれほど遠くからであろうが、一瞬にして私たちのところへ届く、時空を超えたN気です。敏感な人にはかなり堪《こた》えます。何となく身体が重く感じる人もいるでしょう。なんせ相手は「生き霊《いりょう》」みたいなものですから。源氏物語の六条御息所《ろくじょうのみやすどころ》ですね。

一般に、人の悪口を言うことが三度のご飯よりも好きな人は、残念ながらけっこう存在します。他人を悪く言うことで自分が優越感を感じる。正確には自分の劣等感を誤魔化《ごまか》す。このような、ちょっと歪《ゆが》んだ心の持ち主です。おそらくその人自身がN循環の渦中《かちゅう》にいて、何らかの苦しみを抱えているはずです。いろいろな意味で気の毒な人であると言えます。

失礼ながら、もしあなたも「人の悪口言うのが大好き」な人ならば、今日からさっそくやめた方が良いです。それだけでN循環から脱出できた人もいるくらいです。手始めに私の悪口からやめてね。

また、中には「ご注進《ちゅうしん》に及ぶ」人物が現れたりもします。いわく「○○さんがあなたのことをこんなふうに言ってたわよ。酷《ひど》いよね」などと。N気をモロに浴びてしまう瞬間ですね。これは、意識的かどうかは別にして、「味方のように振る舞いながらN気を浴びせる」という、ちょっとねじ曲がった手法を駆使《くし》しているのです。自分自身は「良い人ポジション」を確保しつつ相手を蹴落とす。本人に悪気のないことが多いだけに反省が起きにくく、直接悪口を言う人よりもかえって始末が悪いと言えます。これも良い子はやめておきましょう。

(2) N返しの技

さて前置きが長くなりました。ここからが大事なところです。逃げられない外的なN気への対応。「N返しの技」を紹介します。

平安時代、陰陽師《おんみょうじ》という呪術師《じゅじゅつし》がいました。呪《のろ》いをかけられた貴人を守るため、呪詛返しの術をおこなうことも彼らの大事な仕事でした。呪詛返《じゅそがえ》しとは、呪いをかけた相手にその呪いをそのままお返しすることです。結果的に相手は自分のかけた呪いの犠牲になる。自業自得ですね。

これは一見すると人間関係のN循環のようですが、実は違います。N循環は互いにN感情があって、そこから放たれたN気の応酬。それが持続している状態をさします。一方、呪詛返しは相手にN感情があってもこちらにはありません。淡々と、相手から飛んできたN気をそのままワンターンでお返しするだけなのです。N循環は相手も自分もN気を浴びて傷《いた》みますが、呪詛返しを使うとN気を浴びるのは相手だけになります。

ここではその技のひとつを紹介しますが、「呪詛返し」などと言うとちょっと物騒《ぶっそう》なので、「N返し」と呼ぶことにします。中身もマイルドです。

私の大好きなお釈迦《しゃか》様の逸話《いつわ》で次のようなものがあります。まずはそれをご紹介します。（東豊バージョンです。悪しからず）

ある日、一人の弟子が慌《あわ》てた様子でお釈迦様のところにやって参ります。

「お釈迦は〜んお釈迦は〜ん、えらいことですわ。あんたの悪口言うてるもんがおりますねん。腹立ちまへんか？　わし、めっちゃ腹立ちますねん」

するとお釈迦様は厳《おごそ》かな声で次のようにおっしゃいました。

「ドアホ、落ち着かんかい。エエか、よー考えや。例えばの話、ファンの誰かがわしにプレゼント送ってくれはったとしようや。ところが、配達人がわしをよー見つけへんのや。そのプレゼント、どうなると思う？」

弟子はしばらく考えてから答えます。

「送り主さんのとこへ返されるんとちがいますやろか、知らんけど」

それをお聞きになり、お釈迦様は穏やかな笑みをお浮かべになられました。

「せやろ？　悪口もそれと一緒やがな。こっちが受け取らへんかったら、相手に戻るんや。ざまあみさらせウヒョヒョ、ってなもんや。……あっ、プレゼントは再配達希望やで。なんならこっちからもらいに行くし」

さすがは悟りを開いたお方であると、弟子は大きな感銘《かんめい》を受けたのでした。

さて、このエピソードにはN気返しのコツが見事に描かれています。

そうです。「受け取り拒否」「着信拒否」するのです。ではどうすれば受け取らなくて済むのか。答えはやはり感謝行（の応用）です。

まず脳内に、相手から放たれたN気が飛んでくるところをイメージします。人相の悪い顔が描かれたミサイルを思い浮かべると良いです。胴体には「N」のマーク入りです。それが被弾する直前に、あなたは両手を前に差し出して時間を止めます。ミサイルも止まります。そして心の中で次のような言葉を投げかけます。

「○○さん、いつもありがとうございます。そのままお返しいたしますね」

あるいは、「○○さん、ありがとうございます。どうぞお持ち帰りくださいませ」

こんな感じで「ありがとうございます」さえ入っていればあとは自由にアレンジして良いです。

○○にはN気を放った人の氏名が入りますが、相手が特定できない場合はこんな感じで。

「どこのどなたかは存じませんが、何かとご多忙のおり、わざわざ私に悪口をお届けいただきまして、まことにありがとうございます。残念ではございますが、私には無用のものでございましたので、この度は謹《つつし》んで返品させていただきます。ご無礼のほど、何卒《なにとぞ》ご容赦《ようしゃ》くださいますよう。かしこ」。いや、もっと簡単で良いです。

最後にミサイルがUターンして帰っていくところをイメージしてください。

あっ、ミサイルちゃん、バイバ～イと大きく手を振っていますね。可愛いですね。

初めての人にはちょっと難易度が高く感じられるかもしれませんが、ベースに日々の感謝行があれば意外と簡単に使える技です。心身が軽くなるので、敏感な人には効果がすぐにわかると思います。

ん？　なんですって？

「ミサイルが戻ったら、相手が被害を受けるではありませんか。それでは相手がかわいそうです」

素晴らしい！　すでにあなたはP循環の世界に生きる人です。確かに相手は心身の不調などの被害を受けます。気の毒です。しかし

最初にN気を放った者の自己責任なのです。自分のN気がそのまんま戻ってきて、病気になろうが運が悪くなろうが、こっちは知ったこっちゃない。生き方を反省するなどして、自分でなんとかすべき問題なのです。……本来は。

しかしいったんP循環の世界に入ると、まさにあなたのように、そんな相手でも見捨てるわけにはいかなくなるものです。芥川龍之介の「蜘蛛《くも》の糸」の心持ちです。

そのようなあなたを私も大好きなので、次の作戦を伝授いたします。

（3）守護霊の活用パート2

先に紹介した仮説3を再び採用します。

（仮説3リターンズ）人間には「守護霊」がついている。それは私たちの先祖の代表である。子孫である私たちをさまざまな危険から守り、人生航路を安全に導いてくれるガイドである。私たちに種々のインスピレーション（ひらめき）を与えてくれる存在でもある。それは「P気のカタマリ」である。「安心」と「良心」の源である。

この仮説を再度採用し、相手にN気をお返しした直後に次のように言います。やはり心の中で良いです。

「○○さんの守護霊様、○○さんをいつもお護《まも》りくださってありがとうございます」

これだけです。

相手の守護霊に対して御挨拶方々御礼を述べると、このP気を受けた守護霊は元気百倍、その守護力をしっかり発揮します。これで相手が受ける被害は最小に食い止められるのです。優しいあなたもホッとできますね。これが気の毒な相手を救う最善手。相手のN気に対してこちらはP気で対応する。これが最強なのです。

さて、あなたのP気をいただいた相手の守護霊は、守護するばかりか説教も始めるかもしれません。

「あんさん、ちょっとそこにお座《すわ》りやす。あの人、ほんまはええ人でっせ。せやのに悪口ばっかり言うてたら、このうちが許しまへん。しっかりしよし」

実際にこのような守護霊のからのインスピレーションを受け、相手はあなたへの態度を自然と変えるようになります。

さらに後日、相手の守護霊とあなたの守護霊が次のように会話するかもしれません。

「凄《すご》おすなあ、あんたが守護してはる人。うちまで元気もうたし。ほんま、助かりましたわ。あんたの守護が行き届いてるんやろなあ。たいしたもんどす」

「なに言うてはりますのん姉さん。うちかてほんまにびっくりどす。P循環の本のおかげでうちらの守護力も一段と大きなったし、姉さんもますますおきばりやす」

「へえおおきに」

こんな具合。……あれ？　京都・花街《はなまち》言葉は苦手どすか？

この作戦は、あなたが苦手な人や初対面の人に対しても使えます。たとえばこんな文言です。

「〇〇さんの守護霊様、いつも〇〇さんをお護りいただきありがとうございます。これから〇〇さんにお目にかからせていただきますが、どうぞよろしくお願いいたします。ありがとうございます」

これを聞いた〇〇さんの守護霊さん、きっと大張り切りで約束してくれます。

「兄（姉）さんおおきに。あんじょうやらしてもらいますさかい、どうぞ安心しといておくれやす」

人間関係の潤滑油ですね。感謝行応用編としてご利用ください。

6　死後の世界の活用

Ｎ気の取り扱いに役立つ仮説は他にもあります。いかにも怪しげであり、現代の科学力を総動員してもその証明は不可能と思われますが、次のようなものもあります。

〈仮説４〉世界は「この世」と「あの世」の二つの場で成り立っている。「この世」は物質と想念の世界であり、「あの世」は想念だけの世界である。私の「心」が「肉体」という物質を脱いで、「この世」から「あの世」に移動することを「死」と言う。私の「心」は「あの世」においても生前のままに「気」を放出する。「あの世」は想念だけの世界なので、「気」の性質に応じた現実を瞬《また》く間《た》に作りあげることができる。Ｐ気の構築する世界は「天国」あるいは「極楽浄土《ごくらくじょうど》」と呼ばれ、Ｎ気が構築する世界は「地獄」と呼ばれる。

（１）天国（極楽浄土）と地獄

死後の世界観として、天国や地獄が存在すると信じている人は案外多いものです。死ぬと閻魔《えんま》大王の前に引き出され、生前に良いことをした者は天国へ、悪いことをした者は地獄へと振り分けられる。あなたもこのような話を聞いたことがありませんか？

しかしここで示した仮説4は、それとはちょっと違います。「天国」も「地獄」もあらかじめ存在しているわけではありません。仏教では「極楽浄土」はこの世界の西方十万億土《さいほうじゅうまんおくど》を超えた遥《はる》か彼方《かなた》にあるとされていますが、それとも違います。死後の世界はどこか遠くに存在しているのではなく、ましてや他人（閻魔様）に行き先を振り分けられるのでもない。生前の心（想念・感情）が作り出す仮想空間のようなものであると、このように考えるのです。

心のありようによるDIY、do it yourselfです。金品をたくさん積めば誰かが天国という特等席を準備してくれるのではありません。あなたの心のありように応じた「気」が引き寄せられ、その「気」にふさわしい「あの世」が構築されます。「あの世」もやはりP循環N循環によって構築される世界。「この世」と同じ原理なのだということです。

「恨みの心」「怒りの心」「貪欲《どんよく》な心」「妬みの心」「苦しい心」「自分さえ良ければいい心」など、N感情をいっぱいもったまま亡くなりますと、心は「あの世」でも生前のままのN気を放出します。類は友を呼ぶ。似たようなN気をどんどん引き寄せ（N循環）、それぞれの心にふさわしい「N世界」を形成します。

しかも、構築されるスピードは「この世」よりも桁違《けたちが》いに早い。「あの世」は想念だけの世界なので、出来事の現実化に手間がかかりません。あなたの心に応じた世界がすぐ現実になります。たとえば、生前に怒りっぽかった人には怒りたくなるような出来事、腹の立つ出来事ばかりが生じる世界。これがすぐに目の前に現れます。そこの住人も自分と同じ怒りっぽい人ばかりで、みんなで罵《ののし》りあっています。こんな世界が死後の日常になるのです。まさに「地獄」ですね。

逆に「優しい心」「感謝の心」「喜びの心」「楽しい心」「助け合う心」などのP感情をいっぱい抱いて亡くなりますと、それが放つP気にふさわしい「P世界」を形成します。

たとえば、生前に感謝をたくさんしていた人には感謝したくなるような出来事、嬉しい出来事ばかりが生じる世界が出現します。そこの住人も同種の人たちで、皆で感謝し合う関係になります。これが死後の日常です。ありがたや、まさに「天国」ですね。

ただ、このような説を知るとちょっと慌てる人がいるかもしれません。

「そうか、そうだったのか！　この世の生き方がそのままあの世に反映するのか！　しまった。これまでの人生、N気をいっぱい出してきたぞ。死後の私は地獄を作ってしまうに違いない。ああ、死ぬのが怖い」などと。

でも大丈夫。N気はP気によって上書きされます。上書きは「反省」と「生き直し」によって誰でもできますし、極端に言えば死ぬ直前の心持ちが大事であるとも言えます。「悪いことばかりしてきた私であったけれども、こうして死ぬ間際になって初めて人の優しさに気がついた。ああ、なんて私は愚《おろ》かな生き方をしてきたのだろう。こんな私でも生かされてきたのだ。みんなありがとう。神様ありがとう」。こんな心持ちで旅立つ人の死後の世界はすでに「地獄」なんかではありませんね。

（2）死後の世界のありがたみ1

さて、このような「死後の世界」仮説を採用する利点は何でしょうか。

ひとつはP循環形成へのモチベーション（動機）が大幅にアップすることです。感謝行の取り組みに真剣味が増します。

「地獄」に永住を希望する人はおりません。死後の安楽・平安を求めるのであれば、現在の心のありようを見直すことが必須になります。死ぬ直前に心を入れ替えるつもりだから今はまだいいや。こんな考えは通用しません。不吉なことを言うようですが、私たちは今日明日にでも死んでしまうかもしれないのです。今の心のままで急に死ぬことになっても大丈夫か。このような視点を大切にして、日々誠実に生きたいものです。

そして、そのために役立つのが感謝行です。

「この世」の幸せはもう諦《あきら》めているので感謝行なんてアホらしかったけど、「あの世」で天国が作れるのならちょっとやってみようかな。こんな動機で始めた感謝行であっても大丈夫です。ふと気がつくと、「あの世の天国」の前に「この世の天国」が先に出現して来ますから。

「明るく楽しい死後のため　Ｐ気充電日々感謝　ふと気がつくとこの世が極楽」

覚えておきたい標語のひとつです。

（３）死後の世界のありがたみ２

次に「死後の世界」仮説を採用することの二番目の利点。それは、現在Ｎ気を撒《ま》き散《ち》らかしている人を気の毒に思えるようになることです。

この人は死後の世界のカラクリを何も知らないので他人をだますのだな。いじめるのだな。物を盗むのだな。悪口・陰口を言うのだな。こう考えるようになれます。そして、なんとか生きているうちに気がついて反省と生き直しをしてくれたらいいなと、優しい気持ちにもなれます。

それは、これまで「Ｎ気を撒き散らかしている人」に対してあなたが抱いてきた感情（怖かったり、腹が立ったり、バカにしたり）とはずいぶんと違ったものではないでしょうか。これまでのようにＮに対してＮで反応するのではなく、Ｐで反応するようになるのです。これが最強です。

このように、仮説4を採用することで、私たちに同情心や慈悲《じひ》心が生まれやすくなり、結果的に私たち自身がP循環に入りやすくなります。まさに「情けは人のためならず」。回り回って自分自身のためになるのですね。

（4）死後の世界のありがたみ3

最後に、本仮説を採用することの三番目の利点。それは「自死」に関することです。

生きているのがどんなに辛くても、この仮説を信じることができると自死する気が起きなくなります。自死は大抵の場合、N感情満載で行われる行為であろうと思います。「恨み」「怒り」「無力感」「絶望感」などのN感情の中で旅立つことになります。

ところが肉体はなくなっても心は生き通しです。自殺時に抱いていたN感情から放出されたN気がそのまま死後の世界空間を構築します。つまり死後の世界でも同じ苦しみが続くことになります。死んでも楽にはなれない。死んでもすべておしまいにはならない。

自死を絶対にしてはいけない理由はこれに尽きます。周囲の人を悲しませてはいけないとか人の命は地球より重いとか、もちろんそれも一理はあるでしょうけど、そんなことよりとにもかくにも自分がきつくなるのが最悪なのです。生きている方がはるかにマシ。「あの世」では文字通り身動きが取れなくなってしまいます。だから、絶対に、自死などしてはいけません。

とは言えそれでも自死してしまった人がいます。しかし、そのような彼らに対しても救済の方法がいくつも用意されています。

そのひとつがご遺族による先祖供養です。たとえ自分より年下の子どもであっても、亡くなった場合は「ご先祖様」の一員になります。

コツは、（原則として）感謝だけを繰り返すことです。できる限り深い悲しみや後悔の感情を向けないよう意識することが大切です。Ｎ気を送るのではなく、感謝のＰ気を送ることが一番の目的です。Ｎ気でＮ気は祓《はら》えません。Ｎ気を祓えるのはＰ気だけなのです。その意味では絶対に自殺者を責めてはいけません。後悔させてはいけません。「死にたくなるほどの苦しみ・悲しみが存在したことを認め、その行動（自死）に理解を示すこと」。これもＰ気を送ることであり、大変大事なのです。その上で、ご先祖様全体に意識を向けた「ありがとうございます」。ご先祖様が自殺者の御霊《みたま》を救ってくださる。そのようなイメージです。

このようにしてＮ気が祓われると、「あの世」の景色がいわば闇の世界から光の世界へ劇的に変化します。一切の苦しみから解放され安楽の世界に一変する。「極楽浄土」の出現です。まさにこのようなイメージがぴったりです。魂の救済です。

もちろん他にも供養の方法はありますが、感謝の先祖供養は日々ご遺族だけにできる特別な方法であると思います。

7 小技集

N気を退治する（祓う）方法は他にもいろいろありますが、誰にでもできて、これまでの経験上間違いなく効果があるものを簡単に紹介します。

(1) 前世の活用

私の好きな本のひとつに『今昔物語集』があります。平安時代末期に書かれた説話集で、全三十一巻からなり、「今ハ昔」から始まる一千話以上の物語が収録されています。善因善果《ぜんいんぜんか》・悪因悪果《あくいんあっか》・因果応報《いんがおうほう》など、仏教思想が色濃く反映されているのですが、その中で何度も登場する、私のお気に入りのシーンがあります。

それは、（物語ごとの）主人公が「とんでもない目」にあったときなど、「これも前世の因縁《いんねん》である」と納得する場面です。本来ならば、N感情の大洪水となっても不思議ではないのに、主人公は「前世の因縁」と考えることで悠々《ゆうゆう》とその場を去ったりします。たとえば誰かにひどい目にあったとき、「前世では私が彼をひどい目に合わせたのであろう。だから今世では私が彼にひどい目に合ったのだ。これは前世の因縁であるから仕方ない」などと。こうして主人公はN気に巻き込まれることなく、あるいはN循環を断ち切って、その物語を終えるのです。

もちろん、前世があるとか生まれ変わりがあるとか、そんなことは私にはわかりっこありません。しかし、このような輪廻《りんね》転生《てんせい》仮説もまたN気を退治するためには利用価値の高いものであることを、『今昔物語』は教えてくれました。

ただし、こちらがいけないことをしたときの言い訳に使うのはよしましょう。「ボクがキミをいじめるのは、前世でキミがボクをいじめたからだよ。ウヒョヒョ」。いかにもN気が集まってきそうな理屈ですものね。どうなっても知りませんよ。

（2）笑いの活用

P気の強いところにはN気は寄れませんが、感謝以外にもP気が強く放出されるものがあります。

それは「笑い」です。もちろん「誰かをバカにした笑い」ではなく、「楽しい笑い」「ユーモア」の方です。昔から「笑う門には福来たる」と言うように、笑いはN退治の大きな切り札であり、心身のP循環が大活性化します。

人と一緒に笑うと対人関係のP循環も生じますから最高ですが、とりあえずは一人きりで漫才や落語のビデオを楽しむのもアリです。

近いうちに、録画した「お笑い番組」の交換会でもしませんか？　どちらが面白い漫才やコントを見つけてくるか競うのです。相手をたくさん笑わせた方が勝ちですよ。

心から笑ったことがないと言うなら、「笑う練習」だけすれば良いです。

心理学の有名な理論のひとつにジェームズ＝ランゲ説というのがあります。私たちは通常「悲しいから泣く」のですが、「泣くから悲しくなる」といった道筋もあるのだと説くものです。笑いも同じことで、普通は「楽しいから笑う」のですが、「笑うから楽しくなる」といった道筋もあるわけです。

これに従って、楽しいことなんか何もなくても「笑う練習」だけするのです。そのうち本当に楽しい気持ちになります。するとあら不思議、実際に楽しいことも増えてしまう。

周囲に人がいると多分気持ち悪がられますが、自宅でひっそり隠れるようにして笑っていれば問題ありません。ちょっと怖い？

このとき利用できるのが鏡です。鏡の前で笑顔を作る練習。これを起床時と入眠前におこないます。コツは決して「心から」笑おうとは思わないことです。ただのお芝居です。

不思議なもので、慣れてくると豪快な作り笑いも可能になります。これにはさすがのN気も気持ち悪がります。慌てて逃げ出すこと必定《ひつじょう》。さらばN気よ、どこへ行く～。

さてその時期、あなたの感情はどのようなものになっているでしょうか。楽しみです。

8　憑依《ひょうい》から学ぶ

ここまではN循環からの脱出をテーマにいくつかの考え方と方法を述べてきました。もちろんそのすべてを採用する必要はありませんし、また、ここに紹介されていない方法もたくさんあります。たとえば読書やスポーツなど、趣味に没頭するのもそのひとつでしょう。ヨガや呼吸法、座禅や瞑想《めいそう》なども大いに役立つかもしれません。どれがベストな方法なのかではなく、要は自分に合うかどうかが一番の選択基準です。やってみたいと思えるか、好きになれそうか。そこが何より大事です。

ただし最後に一番大事なことを繰り返し強調しておきたいと思います。それは、優先順位に関することです。意識の優先順位と言っても良いでしょう。「N循環からの脱出」（第3章）よりも「P循環の形成」（第2章）を優先すべきであるということです。実際は両面からの対応であったとしても、「P循環の形成」こそが根本的な解決につながる本筋なのです。「N循環からの脱出」だけを重視すると、うまくいったところで対症療法に終わる可能性が高いのです。対症療法とは、確かに楽にはなるけれども、一時しのぎで終わることが多い処置であるということです。

わかりやすい例として、「悪霊《あくりょう》に取り憑《つ》かれた男性・Aさん」の話をしましょう。実話ではなく、あくまで理解を深めるための創作であるとお考えください。また、悪霊という「名称」によってこの事例を過剰に恐れることがないようお願いします。それは「N気の巨大なカタマリ」に過ぎません。あるレンズを通すと「悪霊」にも見えるということです。

さてそのAさん、子どもの頃から短気で、不平不満が多く、嫉妬深いところがあったようです。二十八歳のときに大きな失恋を経験し、相手や自分自身に対して、あるいは人生そのものに対してさまざまな激しいN感情を抱き続けます。そのうち、上半身の激しい痛みと意図的ではない奇妙な動作が繰り返し見られるようになりました。

いくつかの病院を受診しあれこれの検査を受けましたが、原因が特定できません。痛み止めや抗うつ薬などの薬物療法もほとんど効果がありません。Aさんは暗い気持ちで毎日を過ごしていました。自殺も考えました。

そんなある日、友人の紹介で有名な除霊師に会うことになったのです。除霊師は「悪霊が憑いている」と指摘し、その日のうちに除霊を施しました。するとそれ以来、Ａさんの症状は急激に良くなりました。

ところがその二週間後、似たような症状が出てきました。すぐに除霊師に会いますと「前の霊とは別の悪霊が憑いている」とのこと。除霊してもらうとやはり症状はすぐに楽になりました。

ところがその一〇日後、また同様の症状が出現したのです。「また違う悪霊が憑いている」。さすがの除霊師もびっくりしたようですが、除霊するとやはり症状は急速に良くなりました。

ところがその一週間後、またしても……。

創作とは言え、気の毒な男性です。

しかしこれは決して他人事ではありません。いや、悪霊が憑くことではありません。誰でも同じパターンを経験する可能性があることです。本当に怖いのは悪霊ではなくこのようなパターンなのです。

つまり、真の原因を放置したまま、表面に出てきた症状や問題だけにとらわれ苦悶《くもん》する。たまたま効果的な方法が見つかるが、それは一時しのぎに過ぎず、根本解決に到ることはない。やがてまた同様の症状や問題に悩まされる。そしてまた一時しのぎを求める。このようなパターンです。

Aさんの症状が、除霊師の言う「悪霊の憑依」と同時に出現したのは間違いなさそうです。それは症状の真の原因が悪霊であるかのように錯覚させます。しかし本当の原因はそうではありません。

「悪霊（N気のカタマリ）」は、「死霊（死んだ人が残したN気）」であれ「生き霊（生きている人が飛ばしたN気）」であれ、同種のN気のあるところにしか寄ってこないからです。P気溢れるところには近付けません。

つまりAさんがN気をいっぱい放出する生き方をしていたために、自分から悪霊を引き寄せていたわけです。類は友を呼ぶ。NはNを呼ぶ。真の原因はAさん自身のN循環な生き方そのものであったということになります。

ところがAさんはそのようなこととは思いもよらず、効果的な方法や人物を求めました。これによりN気のカタマリ（悪霊）は一時退散。Aさんの症状も一時消失します。しかしAさん自身は何も変わらなかったので（N循環のままだったので）、またもやN気が集結し大きなカタマリとなります（悪霊が憑依します）。その度に強烈な心身のN循環が起動し、Aさんは再び症状に苦しむことになります。そしてまた他人に解決してもらおうとする（除霊師に頼る）。この繰り返しだったのです。

Aさんが真に救われるためには、表面的な症状や問題にとらわれるのではなく、症状や問題が出現する仕組みをよく理解した上で、根本原因に目を向けることが必要だったのです。

さて、このようなAさんでしたが、この度ご縁があって、P循環の原理を知るところとなりました。

彼はその後、どうなったと思いますか？

そうです。激しい症状が出た場合は緊急措置として除霊師に頼るものの、一方で日々の感謝行を始めたのです。P気充電によるP循環形成こそが、本物の問題解決につながるのだと確信したからです。

これはAさんでなくても、また憑依という現象に限らなくても、私たちは皆同じことなのです。抱える悩みや問題は人それぞれですが、それに過度にとらわれることなく、「P循環の形成」が人生の主題であると自覚し、P気を大切にする生き方を選択する。これが真の問題解決につながります。

症状や問題は、私たちを救うため、「神様仏様」が与えてくださった反省の機会に違いありません。これが最後の仮説です。

さて、今日のカウンセリングはこれで終わりにしましょう。

えっ？　後半はほとんど先生が話していた？　だってあなたがどうしたら良いのかって聞くんだもん。でも次回からはあなたの話をもっと聴きますよ。もちろん悩みや問題も少しは聞くけど、できるだけ感謝行から生まれてくる良いとこ探ししましょうね。

それからもう一つ、大事なこと。次回はもう少しぬるめのお茶にしますね。

第４章

「感謝」を用いたカウンセリングの実際

１　良いこと仕掛け

私の臨床心理学者としての研究テーマは心身を病んだ人への効果的な援助方法の開発と普及といったことです。今日はなるべく最近の方法を一つお示しできればと考えています。きっと日々の生活のお役に立てるのではないだろうかと期待しているところです。

カウンセリングでは、「私は運が悪い」「良いことがひとつもない」などと落ち込むクライエントによく出会います。そのような時どうしているかと言うと、各人に合った「良いこと仕掛け」を見つけるようにします。「良いこと仕掛け」とは身の回りの良いことに気が付けるようなちょっとした工夫のことです。

その大前提として、誰の人生にもすでに「良いこと」がいっぱいゴロゴロしていると考えます。もちろん「悪いこと」もあれこれゴロゴロしています。しかし中には、「悪いこと」ばかりに注目する人がいます。そのたび、怒りや不安、憂うつの感情にとらわれてしまう。これが不幸せ感の正体ではないでしょうか。

とは言え実際のカウンセリングでは、「良いことはすでにいっぱいあなたの周りにあるのですよ」などと説教なんかはしません。ほぼ一〇〇%、拒否されてしまいます。「そんなことがあるわけがない」「この人は私の辛い気持ちを理解してくれない」。こんな感じでがっかりされることが多いのですね。

そこで、まずはクライエントの話に十分耳を傾けつつ、信頼関係が形成されるのを待って、「今までにない小さな習慣を作ることで運気が変わる可能性」に触れるようにします。そして、これに興味を示してもらえたら、二人で協力してその習慣を探します。

例えば、Aさんは「毎朝鏡に向かってニコッと笑う」だったし、Bさんは「毎日家族におはようと言う」だったし、Cさんは「起床時に生きていることに感謝する」といったものでした。他にも「毎朝散歩中にゴミを拾う」「毎朝ご先祖様にお線香をあげる」「起床後すぐにシャワーを浴びる」「毎日トイレ掃除をする」。その人にとっての新しい行動で、毎日無理なく継続できるものであるなら実はなんでも良いのです（お金のかかることは推奨しない）。大事なのは、その新しい習慣によって「運気が変わる」可能性に興味を持ってもらえるかどうか。まさに信じるものは救われるのですね。

それ以降のカウンセリングでは、何か小さな「良いこと」が起きていないか、根掘り葉掘り質問します。先に述べた通り「良いこと」はすでに身の回りにゴロゴロしていますから、本人がその気にさえなればすぐに見つけることができます。

大切なことは、新しい習慣によって驚くような「良いこと」が本当に起きるかどうかではありませんし、それを求めるようなことがあってはなりません。特に初期のうちは、すでにある「良いこと」を発見するくらいで十分です。そのような意識であらためて現実を眺めると、従来ならせっかく出現してもスルーされていた日常的な「良いこと」が、まるで初めて登場したかのような新鮮な顔つきで眼前に現れるのですね。この時、本当に「良いこと」が起きているかも！と感じとれるようです。

実際、多くの人は「不思議なことだけど、この小さな新しい習慣は本当に良いことを起こしてくれる！」と驚き、それを続けるようになります。そしてますます「良いこと」の出現を楽しみにしますから、ますます「良いこと」に注目する能力が上がります。その結果、ますます「良いこと」が増えるわけです。……とは言え多くの場合、実際には「良いこと」が増えたような錯覚かもしれません。なぜなら、くどいようですが、誰の人生にも平等に「良いこと」はすでに相当数充満しているからです。中には、「これまでは当たり前だと思っていたことが実はありがたいことだと気がついた。この空気でさえも！」としんみりと語ってくれる人もいます。

このように「良いこと」を見つけようとするパターンが身につくと、当然のように幸福感は高くなります。すると、その人の表情や態度、言動や行動にも変化が見られるようになり、結果として、本当にこれまでにないくらいの「良いこと」が出現する可能性が高くなるんですね。周囲の人たちとのコミュニケーションが変わることで、人間関係にも変化が生じるからです。

先ほどいくつかの例を挙げましたが、特にその中でも「感謝をする」と言った習慣は大変有用であることが最近の研究でわかってきました。それは、単に「良いこと仕掛け」などと言ったある種のトリックのような作用を引き起こしてくれるだけでなく、それそのものが持つ不可思議な力があるように思われてなりません。

これから、いくつかの実例を見ていただき、みなさんと「感謝の効用」について考える時間を共有できればと思います。

2　子育てに悩む母親

その母親は憔悴《しょうすい》した様子で、「小学三年生の長男・太郎が宿題をまったくしない。学校へ時間通りに行かない。母親の言うことを聞かず態度が悪い。どのように関わっていいのか分からない。自分の子育てが悪かったのだ」と訴えます。

私は、そのような事態においても母親ががんばってやってきたことにできるだけ焦点を当てた会話を心がけました。

母親の表情が少し柔らかくなったのを見て、P循環N循環の説明を行いました。

それは次のようなものでした。

・人間の心の中にはP感情とN感情がある。
・PはPositiveのP、NはNegativeのN。
・「感謝」「赦《ゆる》し」「安心」「喜び」「自信」など、これらはP感情。
・「悩み」「怒り」「恨み」「妬み」「哀しみ」「恐怖」「不安」など、これらはN感情。
・N感情はあなたの個人の内部で循環してあなたの心と身体にダメージを与える。たとえば強い「怒り」はうつや心疾患《しんしっかん》につながる。これをN循環と呼ぶ。
・また強いN循環の渦中にいると、周囲も巻き込み、近くの人や環境をN要素で満たしてしまうことが多い。NはNを呼ぶことになりやすいのだ。「太郎が問題」なのではなくて

「N循環の渦中にあることが問題」なのである。

・とは言え、自分自身を責めてはならない（責めるとますますN循環）。

・N循環に入ってしまうことは誰にでもあるので、その原因（性格や生育歴・生活歴等）を求める必要はない(原因を探し出すとますますN循環が大きくなることが多い)。原因は問わず、そのようなN循環の渦からP循環の渦に移行することこそが自分自身や周辺が回復する道なのである。

・環境も心身の健康も、P循環の渦の中にいてこそ良好なものが得られるということ。

・さて、そのP循環を簡単に作れる方法があるのだが、やってみる気はあるか？

母親はぜひやってみたいと言うので、私は次の方法を提案しました。

・今夜から、就寝前に次のお祈りを3回繰り返してください。

・これによりP感情は睡眠中に膨《ふく》らんでいきます。

・また、家庭内でイライラしたり腹が立ったり不安になったりしたら、その時も繰り返してみてください。

「太郎は良い子です。ますます良くなります。ありがとうございます」

母親はこれを実行することを約束して帰りました。


そして約四カ月後の面接。母親の表情は別人のように晴れやかでした。以下に母親の語りを要約します。


「この四カ月間で、目に見えて太郎が変わりました。遅刻せずに学校に行くようになった。宿題もいつの間にかちゃんとするようになった。成績まで上がってしまいました(笑)。太郎がちゃんとやろうとしていることがわかります」

「母子の関係も良くなってきたのがわかります。素直に、困った時には私を頼ってくれるようになりました。私は、毎日どう笑って過ごすかということに意識を向けています。どれだけ楽しく子どもが過ごせるかということを一番に考えるようになりました」

「あまり怒ることもなくなった、と言うか、怒る必要もないと思っています。例えば歯磨きにしても、口臭くさいって誰かに言われたらそのうち勝手にやるやろって思えるようになったんです。

怒らなくても、生活のリズムが崩れたり、大きな問題が起こったりはしないと考えられるようになりました。子どもって、そんなに怒らんでもいいんやなって。何事も、まあいっかって思えるようになったみたいです。すると寝るときもくっついてきてくれるようになったりして(笑)。今はそんなことが幸せです」

おまじないだけで、本当にこんなにうまくいくのだろうかと、皆さんはお疑いになりますか？

3　体調不良のサラリーマン

それではもうひとつ、別の事例もご紹介しましょう。

こちらは、四十代男性。真面目そうなサラリーマンです。

彼の訴えを要約しますと次の通りです。

「仕事には大きな支障はないものの、この十年ほど、慢性《まんせい》的に熟眠感が得られない。いつも体がだるい感じがして疲れが取れない。病院で薬をもらったこともあるが、なかなか良くならないので、心理療法を受けた方が良いと言われた」

ここで私はP循環N循環の話をしました。

彼は熱心に聞いてくれました。

そして、「P循環N循環の話はなるほどと思ったが、原因を気にしなくてもいいというのは本当なのでしょうか？　私の性格や生い立ち、家庭環境などは考えなくてもいいものでしょうか？」と問います。

私は「現在のN循環をP循環に変えることで、自動的にいろいろなことが変化していきます」と答えました。

彼は「その方法をぜひ教えてほしい」と言いますので、次のような文言を紙に書いて渡しました。

〇〇さん、ありがとうございます。

〇〇にはその日お世話になった人の名前を入れて、就寝前に3回繰り返すよう提案しました。

そして、「ただしこれをやったからといってすぐに症状が激変するわけではない。症状改善の前に、日々の小さな出来事の中にこそ効果があらわれてくる」と伝えました。

彼はその日以来、大変熱心に感謝行に取り組みました。

カウンセリングでは、身体症状についてはほとんど取り上げられることなく、P循環N循環の原理について会話を続けました。

初回面接から八カ月ほど経った頃の彼は、「身体の調子はだいたい良いと思います。と言うか、何かあってもあまり気にならなくなりました。こんなものだろうと思っています」などとえらくあっさりしたものでした。

そして最終回、彼はこれまでの面接を振り返ってくれました。「体の症状のことで治療を受けに来たのに、こんな変な治療で大丈夫かと最初は思いましたが、だんだんと体のことにこだわらなくなっていきました。少々のことがあっても、まあこれで良いかと思えるようになった。結果的に今は良く眠れるようになっているし、倦怠感も気にしなくなっていて、いろいろな不安感もずいぶん良くなっているのが分かります。正直な話、ここまで変われるとは思わなかった。非科学的なことは本当は好きじゃないけど、おまじないは今後も続けたいと思っています」

私は「一見怪しげなP循環の話や課題をそのまま受け入れてくれた、あなたの素直な心のおかげです」と述べ、治療を終結としました。

4　自分の顔が大嫌いな女性

最後に、私の失敗を実習中の大学院生がうまく助けてくれた事例をお話ししたいと思います。

クライエントは無職の十七歳女性。

帽子を目深にかぶり大きなマスクで顔を隠しています。彼女は高校卒業後自宅にひきこもりがちなのですが、その理由は、自分の顔立ちが気になって仕方ないのです。すでに整形手術を一度行ったようですが、まだまだ変えたい部分がたくさんあるのだと言います。

またクライエントは、近所の同級生にいじめられたことで人生が狂ったと考えているようで、彼らを厳しく責め立てます。そして「私は運が悪い」と口癖のように繰り返すのでした。

ここで私は、P循環N循環の話をし、現在の彼女がN循環の真只中《まっただなか》にいて、「悪い運をたくさん引き寄せている」と教えました。

クライエントは「ぜひP循環を作りたい」と言いますので、私は「N的な出来事や感情は仕方ないのでとりあえずは放っておき、積極的にP循環を作るために、毎晩感謝行をおこなってみるよう」提案しました。

私はここで、次回以降の面接担当者として大学院生（女性）を紹介しました。

ところが、引き続き大院生が面接してみると、クライエントは課題に対してまったく積極的ではなかったのです。

「ずいぶん怪しい話で、変な宗教みたい。こんなところに来るんじゃなかった」と言います。

そこで大学院生は「東《ひがし》は大変怪しいおっさんだ。私たち学生の中でも、怪しい人だと有名である」と言い放ちました。

そして二人は「怪しいおっさん」の話題で大いに盛り上がったのです。

こうして意気投合したのち、大学院生は再びP循環の話題に戻りました。

そして今度は、「たしかにそのような方法で運が良くなる可能性もあるかもしれない」と期待を寄せるようになったクライエントと、面接の継続を約束したのでした。

以後、約一年半、面接は三〇回継続しました。この間、クライエントはアルバイトを始めました。高校卒業資格の認定を受け大学入試にも合格しました。何より、整形手術には二度と行かなかったし、すでにそのような欲求もなくなっていました。「整形手術をしたいと願っていた以前の自分が信じられない」と言うほどまでに。

最終回、私が久しぶりに会った彼女はもはや顔を何かで隠すこともなく、大変美しい笑顔を見せてくれたのでした。

5　感謝はクスリ

さて、「感謝」を用いた実際のカウンセリングの様子をお聞きいただいて、皆さんはどのような感想をお持ちになったでしょうか。すでに述べたように、「良いこと仕掛け」としての機能、つまり身の回りの悪いことから良いことに目を向けるような意識の変化が起きる。このようなきっかけになるといった役割もあるとは思われますが、「感謝」そのものが持つ何かしらの力も無視できないと思います。最初は形式的な感謝であっても、それを継続することで多くのクライエントの心身に好い影響が現れるのをしばしば経験しますが、これは何もクライエントでなくても同じことです。（44頁にも述べましたが）感謝が学生たちの生活の質を向上させることを示す研究もあります。

近年の欧米を中心とした研究でも、感謝の気持ちを持つことで体内システムのバランスが取れることがわかってきました。神経伝達物質やホルモンがバランスよく働き、血糖値や血圧がコントロールされることで心身の多くの機能に好影響を与えるのです。ストレスにも強くなり、気持ちが明るくなり、不安が減ってよく眠れるようになります。良いことづくめですね。

デューク大学メディカルセンター精神医学分野の教授であるムラリ・ドライスワミ博士は次のように述べています。「もしも感謝が薬だとしたら、人間の全ての臓器に効果的な、世界で最も売れる薬になることでしょう」

さて、この辺りで今日のお話を終わりにしたいと思います。最後までご清聴くださり本当にありがとうございます。

第5章
子どもの幸せ、家族の幸せ

1 「気」の影響

本日は「幸せ」「幸福感」についてお話ししたいと思います。

「幸せ」とは何か。これは人によってさまざまだと思いますが、よく「趣味」を楽しむのが幸せだと言う人もいます。しかし私の場合、趣味で幸せにはなりません。楽しい気持ちを少しの時間維持できるだけ。一時的な安心や喜びですね。お酒を飲むのと一緒。もちろんそれはそれで大事だとは思います。でもそれが幸福かと聞かれたら、ちょっと違います。

私に幸福感を味わせてくれるものはなんと言っても「人の笑顔」なのです。人を笑わせることが大好きで、生まれ変わったら落語家になりたいと思っているくらいです。自分が良い思いをしたいというのも、人間ですからもちろんありますけど、それよりもやっぱり周りが楽しんでくれることが一番です。

そもそも自分が何かを得るより人に与える方が実は簡単なのです。与えると言っても金品じゃなくてもいい。また落語家さんみたいに話し上手でなくてもいい。とりあえず与えるのは和顔愛語《わがんあいご》だけです。優しい表情と言葉。何よりお金がかからないし、これだけで人は良い気持ちになってくれるものですから。そしてそれが伝わって来たら、私にとってこれ以上の喜びはない。それに結果的に人間関係や仕事関係で自分に良いことが返ってきます。そういうご利益もちゃんとある。いや、なくてもいいんだけど。

子どもも同じで、やっぱり親の笑顔を見ることが幸せなのではないかと思います。お母さんの幸せそうな顔を見ることです。

逆に悲しそうな顔を見るのは辛いと思います。例えば夫婦関係が上手くいっていないとか、家庭内のことで何か困っておられることがあって、そのことでお母さんの日々の表情が暗いとか元気がないというのは、やっぱり影響は大きいのではないでしょうか。

家族の中にN気が循環していますと、そこにいる子どもさんの心もN気で満たされてしまいます。N気とは何かというと、いわば不幸感の元です。P気は幸福感の元です。子どもたちの幸福感はやはり家庭内の「気」に大変影響される。もちろん大きくなってくるとだんだん生活空間が広がるわけですから、学校とか習い事とかいろいろな場所で「気」の影響を受けることになりますけれども。

まず大人がこの原理に気がついて、自分の中にＰ気を貯めるという意識を持つとことが大事だと思います。それが子どものありように影響を与えることが、臨床的にもたくさん観察されます。ひとつ、事例をお話ししましょう。

2　不登校・家庭内暴力に悩む母親

四十代の母親の相談です。一人息子が不登校で母親にも暴力を振るうらしいのです。父親はどうしているのかと問うと、仕事一途な人で毎晩帰宅時間が非常に遅い上に、土日もほとんど外に出ているらしいのです。母親は「お父さんに頼りたいけど、それができないので困っている。お父さんの力が今こそ必要だと思っているので、本当は協力してほしいのです」とおっしゃいます。ところがよく聞きますと、だんだんと夫への不満が出て来ます。「夫は今までも大事なところで私を助けてくれなかった。逃げてばかりだった。本当に自分勝手な人なのです」などと、恨み辛みが止まらなくなってきた。

表面上は今こそ助けてほしいとヘルプを求めているのですが、反面では夫を責め続けている。こんな状態です。

そして母親は私に問います。「どうすれば夫は協力的になってくれるのでしょうか？　どうすればもっと家にいてくれるようになるのでしょうか？」と。

あなたはどう思いますか？

参加者の一人「父親は母親がマイナスの言葉をかけて来るから家にいたくないんでしょうか？」

直接の言葉はかけてないんです。心の中で思っているだけ。心の中で夫を責め続けているのです。しかし、直接言わなくても、この恨み心がポイントになります。

私は母親にこう言いました。「あなたの恨み心が発するN気がね、父親に伝わるから、それが刺さるから、彼はそのようなN気に近づきたくないのです。むしろ近づかないほうが安全かもしれません。下手に近づくとお互いN気で応酬し、夫婦間にN循環が生じたりすると大きなトラブルになりかねません」

すると母親は驚いたように、「実際、以前は夫婦喧嘩ばかりしていました。DVのようなことまであった」と言います。夫婦間のN循環がDVにまでエスカレートしていたわけです。これは想像ですが、父親はおそらくそのようなN循環に恐れを感じ、そこから距離を取ろうとしたのではないでしょうか。そのほうが安全だからです。距離を取ることは、ある意味、良い知恵ですね。

しかし今回長男の問題が噴出した。そのため、母親は父親にもっと家族に接近するよう求め出したわけです。ところがその一方ではN気を発射している。さあ、そのような状況で父親が接近したら何が起きると思いますか？　下手するとまたDVかもしれません。それだったら今のまま、父親を頼りとせず自分一人の力でこの難局を乗り切ろうと決心したほうが良い。もしもどうしても父親を頼りたいのであれば、まず自分自身の父親に対するN気を処理しなければならない。これは本当にどちらの方向でもいいのです。母親の決心次第です。

そのお母さんの場合、この話に大変納得されました。それから取り組んだのが何かというと、自分の心の入れ替え作業です。すなわち、恨み心というN感情に正面から向き合い、それをP感情に置き換えていく作業です。P気を集めようとしたわけです。

そして実際に、徐々に母親自身が変わっていくと、父親にも変化が見え始めた。父親は母親の話を聞くようになり、帰宅時間も早くなった。以前のようなDVも起きない。そしてなんと、荒れていた長男の心まで平穏になったようで、暴力がなくなった。長男はこれまで家庭内に漂うN気に影響されていたわけですが、両親が変わったことで、連鎖反応的に変わってしまった。皆が

P循環に入ったわけです。

3　幸福な親になる

こんなことが本当にあるのかとお思いかもしれませんが、実はこれ、それぞれの家族によって姿や形は異なっていても、本質は皆同じようなものであると考えていいのです。

畢竟《ひっきょう》、子どもはどうしたら幸福になるのかと言うと、その答えはシンプルで、まずは親である自分が穏やかな心になる、つまり幸福になればいいわけです。

不幸な親が子どもを幸福にするのはなかなか難しいと思います。だから、ちょっと乱暴な物言いですが、子どもの幸福なんてどうでもいいと割り切って放っておく。そしてまずは自分が幸福になることを考える。私はしょっちゅうお母さんに聞くんですよ、あなた自身は今幸せかいって。「今は幸せかい～♪」。佐川満男じゃないですけどね。あっ、知りませんか？

まあそれはともかく、あなたが親として幸せになったら子どもって勝手に幸せになるよって説教したりします。優しくね。子どもに直接何か特別なことなどしなくていい。怒ろうが、褒めようが、幸福な母親は何をしてもうまくいくものです。子どもは勝手に育つ。

「子どもにどう関わったらいいでしょうか？」「どう声掛けしたらいいのでしょうか？」なんて

問われることがあるけど、そんなことわからないもの。その状況だとか、母親や子どもの性格だとか、父親の考え方だとか、もう変数が多すぎて訳わからないから無責任なことは言えないのです。もちろん知ったかぶりはできますけどね、一応専門家ですから。

だから、子どものことは置いといてまずお母さん自身が幸せになりましょう、なんて話に持っていくほうがうんと楽なのです。幸せになるなどと言うとまた難しげに聞こえますけど、要するにP気の充電。これをやっていくのです。そこにさえ導入できれば、家庭の問題が解決に向かう可能性は大変高くなります。

ところが、お母さんが今のお母さんのまんまで、子どもを変えよう、子どもを学校行かせよう、この子の暴力やめさせようなどとする。そのためには、優しく声掛けすればいいのか、叱るほうがいいのかなどと、あれこれ一生懸命悩んでいる。中には自分の育て方が悪かったと後悔したり、非協力的な父親を責めている人もいる。でもそんなことをしている限り、逆にいつまでも問題は持続する。N気の充満が続くからです。家庭内N循環です。だから、ちょっと意外に思われるかもしれないけど、むしろ「問題」からはできるだけ離れた方がいい。問題から離れて、まずは自分のあり方を検討するわけです。

もちろん、「はい、わかりました。私、今日から変わります」なんて感じで、簡単に話がまとまったりはしません。そこへ導くための会話が大事です。今はこのような講演ですから結論だけさっさと話してますけれども、同じことをすぐにクライエントさんに言ったら皆さん逃げて帰りますね、きっと。「夫に問題があるのに、私が変われって言われた～。私の方が問題だと言われた～」「子どもの問題で相談に来たのに親の問題だと言われた～」って、不満爆発する可能性が大きい。これでは大失敗です。とりあえずは、母親の今の価値観に沿いながらしっかり話を聴いていかないといけません。やはりまずは信頼関係の形成が大事です。そこができて初めて、「ああ、自分の問題なんだな」と考える余裕も出てくるわけです。カウンセリングのやりとり自体も、やはりP循環を意識することが何より大事なんです。

ところで、子どもへの母親の影響が強いというのは、やはり接する時間が一番長いから仕方ありませんが、だからといって母親一人に責任を負わせるわけではありません。そういうことを言ってるんじゃない。だって、母親は父親のあり方に多かれ少なかれ影響されているのですから。やはり父親にとっても自分自身の心のあり方や、その結果としての家族関係の循環を点検する作業はすごく大事なことになります。その前提を忘れると母親ばかりを追い詰めることになりかねません。

4　万引きの青年と母親

ところでさっきの事例は夫婦関係に焦点を当てましたが、もうひとつ母親と子どもの間に起きていたN循環の事例をお話ししましょう。

その子は高校生のSくん。彼の問題は万引きでした。万引きが習慣になっていて、両親が困っている。母親とSくんの二人で面接に来たのですが、会話を続けていると興味深い現象が目につきました。私がSくんの良いところに注目すると、母親がそれを即座に否定するのです。そして、彼が小さい頃からいかに問題児であったか、心配な子であったか、とうとうと語ります。その度に彼の表情は曇っていきます。

そこで私は母親にこう言いました。「Sくんの問題は解決できますが、私一人では無理です。お母さんの協力がないとどうしようもありません。なぜなら、どうやら彼はお母さんが大好きそうで、お母さんからいっぱい影響を受けているからです」

母親が少しうれしそうな顔になりましたので、私は続けてこう言いました。「現に、彼はお母さんの期待通りに、今のところは、悪い子になっています」。母親はキョトンとします。

さらに続けて私は、母親の持っている「言葉の暗示力」に感心して見せました。「この子は悪い子だから大きくなったら何かとんでもないことをするに違いないと、ずっと心配していた。お母さんはそう言いましたよね？　まだ万引きレベルとは言え、だんだんとその通りになって来ているではありませんか。なんて親孝行な子なんだろう。お母さんの思う通りになろうとしている。さて次は何をしてみたい？」。これを聞いて母親もSくんも少し笑います。

この後、「言葉の暗示力」と「母親の影響力」について簡単なレクチャーをしました。幸い母親は理解の早い人でした。問題はSくん自身にあったのではなく、母親が放っていた言葉、それに付随していたN気の強さにあったのだと気がついたのです。

母親は語る言葉や想う言葉を変える決心をしました。彼の良いところをいっぱい探すようにしたのです。ここまで来ると変化はもう目の前です。

実際、母親のこのような決心によって、家庭内のN循環は変わりました。そして彼の問題は本当になくなってしまったのです。ついでに言っておくと、父親の悪い酒癖も消えてしまったようです。きっと家庭内のN気が強すぎたので、酒で麻痺させるしかなかったところ、今やその必要もなくなったのでしょう。

このような事例ですが、言葉の力は本当にすごいものがあります。言葉にどのような気持ちが乗っているかが大事です。憎たらしい、大嫌い、くたばってしまえ。そういう心根に伴なわれて出てきた言葉は要注意です。N気満載です。言われた方も言った方も、両方の幸福感がピンチになりますね。

5　P循環を作るトレーニング

自分の中にP循環を作る、家族関係にP循環を作る。そういうトレーニングとして一番簡単な方法は、実際最初の事例の母親にもしていただいたことですけど、感謝行というのがあります。例えば夫が「まさや」という名前でしたらね、夜寝る前に「まさやさん、いつもありがとうございます。ありがとうございます」という文言を3回ほど繰り返してもらうんです。毎晩たったこれだけのこと。本当は名前は入れなくてもいいんですけど、名前を入れると実感がこもりやすい場合は入れます。逆に、名前を入れると腹が立ってくるような場合は絶対に入れないようにします。

またある人は、その日のうちにありがたいなと思ったことを日記に書くようにしています。何も特別なことがなかった日でも、生かされていることに感謝する。極端に言えば空気だって、日頃はそんなこと意識してないけど、本当にありがたいものじゃないですか。晴れの日も雨の日もそれぞれにありがたい。日頃は当たり前と思っているひとつひとつに感謝する習慣をつける。このような練習をするだけでも、P気がいっぱい充電されて、P循環が生じやすくなります。つまり幸福感が上がるのですね。

6 「もの」と幸せ

何か懸賞が当たったとか、ほしいものが手に入ったとか、そんな一時的なものじゃなくて継続的な幸せが大切です。そもそも「これがあるから私は幸せ」ってね、ちょっと危うい幸せなのです。なぜかと言うと、その裏返しは「無くなったら不幸」だと言うことなのですから。お金がなくなったらどうしよう、みたいな感じですね。もちろんお金は大事ですけど、「お金があったら幸せ」みたいな信念を持っていると、お金が無くなったとたんに不幸感でいっぱいになるわけです。あるいはお金を失わないようにビクビクしながら生活するようになるかもしれない。せっかくのお金が心の毒になってしまいます。

お金に限らず、いろんな物品や「愛情」なんかも同じようなものです。いっとき得られたとしてもすぐに飽きるかもしれないし、そうなると、もっともっと刺激が欲しくなる。強欲な心が出てくる。「かーぎーりーないもの、それは欲っ望～♪」。井上陽水ですね。あっ、知りませんか？

また、強欲になると同時に不安にもなります。失うことの不安です。例えば、念願の素敵な彼氏ができました。幸せですね。しかし一方では彼氏の気持ちが変わってしまわないか不安にもなる。浮気されたらどうしよう。見捨てられたらどうしよう。毎日が不安で仕方なくなる。人によっては彼のスマホを盗み見したり金品を貢いだり、中には酷《ひど》いDVを受けても我慢する人もいます。

また、金品や愛情を追い求める人の特徴として「欠乏感を感じる」ことが多くなりますので、これがまた心の猛毒になります。「ある」ときはすごく嬉しいけど、「ない」と酷い欠乏感や焦燥感を味わうことになる。551の豚まんみたいなもんです。あっ、知りませんか？　東京ではCMやってないのかな。

それはともかく、そもそも「やった〜欲しかったものが得られた〜」なんてことは、そんなにしょっちゅうあるわけではない。だから欠乏感を味わう時間のほうがトータルとして長くなる。期間限定の人生なのにもったいないねえ。

このように金品や愛情、社会的地位や名声、そんなものに執着しているとろくなことがありません。そうじゃなくて、ものがあろうがなかろうが、結婚相手がいようがいまいが、出世しようがしまいが、ただ生かされていることに感謝。これが当たり前のようにできるようになると何があっても、何がなくても、そんなことに関係のない永続的な幸福感を手に入れたことになるのです。そして、このような幸福感にプラスしてちょっとお小遣いがもらえたとか、素敵な彼女ができたとしたら、これはまあ「望外の幸せ」。「刺し身のツマ」みたいなもんですよ。あったら人生に彩を添えてくれるけど本質的なものではない。

とにかく、良い人生の土台として「何にでも感謝」「ただ生かされていることへの感謝」。その結果としての幸福感が育っていること。これが一番大事なところです。その有無次第で、どれほど素晴らしい金品や恋人、友人、家族、社会的栄達などに恵まれたとしても、それらは毒にも薬にも化けてしまうというわけです。外部の移ろいやすいものに自分の幸福を委ねるのは危ういと言うのはこういう理由からです。金品があると幸福なようでいて実は不幸の素だったりするのですね。

でも勘違いしていただきたくないのは、ものを欲しがることは悪いことではないということです。お金は欲しいし女性にもモテたいし〜。こんな感じでいいのです。それが人生の活力になります。いろいろな物欲はあっていいし、それを得るためにあれこれ努力するのはいいんです。私も日々普通に物欲まみれの生き方をしていますよ、人間だもの。相田みつをですね。あっ、知りませんか？

7　プロセスを楽しむ

ただ、結果に執着しない。その獲得のプロセスを楽しむ。これが物欲と付き合う一番のコツでしょうか。プロセスを楽しむというところに幸せを感じているのであれば、それは継続しますから。人生はず〜っとプロセスの連続ですからね。悪い結果はさっさと忘れて、次のプロセスを楽しむのが賢明。

例えば、好きな女性にふられたとします。執着の強い人はいつまでもその人のことが忘れられません。あるいはその失恋のプロセスを苦しい体験として心に残すことになります。この世の終わりレベルの人もいることでしょう。

ところが結果に対する執着がなくなると、例えばこんな感じになる。

「チキショー。失恋してしまった〜。よし、次、探そう」

まあちょっと極端には表現しましたが、これがプロセスを楽しむ人の特徴です。失恋したら、もちろん人間ですから「ああ、残念。辛い。悲しい」などとは思うけど、比較的早期に次のプロセスに入る。余韻がないと言えばそうだけど、まあ、執着心がない。いや、広い意味で女性に執着心はあるのかもしれませんが、それも程々です。

それでまた新たなプロセスを味わうわけです。そして、念願の新しい彼女ができて「よかった〜今度こそ〜」と思ったけれども……また逃げられた。「チキショー。よし、次」。

私の言い方の問題で、すごく軽薄に聞こえるかもしれませんが、ともかくプロセスを楽しむ意識になると人生は楽しくて仕方なくなります。結果にこだわらないから失敗が怖くなります。

それに、失恋などの体験を笑い話にして友達に喜んでもらうこともできる。大いに盛り上がります。これは執着心のない人の得意技だと言えます。プロセスを楽しんでいる人であることの何よりの証拠です。冒頭に話したように、私も人が喜んでくれること、笑ってくれることが大好きなので、何か「失敗体験」があると大変美味しいネタをゲットしたように思えて、有頂天になる時があります。このように失敗だって見方を変えればありがたいものです。

8　問題がなくなったら終わりではない

とにかく、幸福感の確立のため、一番のおすすめは感謝行。ときには神社でもらうお神札とか先祖供養を感謝行に用いたりもします。あっ、ちょっと引きましたね！……いや確かに、これは個人差がありますのでね、合う合わないもある。ともかくなんであれ、感謝が基本です。

私のクライエントさんには感謝行をもう何年もやってる人がたくさんいますが、当初の症状とか問題行動がなくなるだけでなく、満たされ感っていうのでしょうか、あるいは充実感、これが膨らんでくる。そりゃあ人間ですからね、なんかあったら腹が立ったりちょっとへこんだりすることは付きものですよ。しかしそれが持続しなくなると言うのかな。すぐにこう、スーッとはなれていく感じ。だからトータルで見てすごく安定している。ここまでくると、あーこの人はほんとによくなったなあって思えるのです。

これは感謝行に先祖供養も合わせた方式を採用している人ですが、長い間家にひきこもっていた人や、とんでもない家庭内暴力で大きな事件になったような人でも、単に問題がなくなるだけでなく本当に驚くような変化が出てくる。共通項は「明るさ」「穏やかさ」でしょうか。問題の内容や大小はあまり関係ないですね。

それと、やはり家族が一緒に感謝行をしてくれると変化が早いように思えます。先日も、子どものひきこもりの相談でこられたご両親に感謝行をしていただいたら、それから一カ月後にそれまで全く外に出なかった本人が私のところへやってきたんです。どうして来る気になったのかと問うと「なんで両親があんなに変わったのか教えてほしい」って言うのです。そして「できれば自分も受けたい」と申し出てくれました。

例えば不登校の問題でも、私の若い頃（三〇年以上も前）は再登校したらそれでいいじゃないかと考えていました。再登校率の高いことを自慢したりしてね。今思うとアホです。今では再登校してもそれで解決とは思ってない。表に出ている「問題」や「症状」が消えるだけじゃなくて、やっぱりトータルとして安定感、充実感、幸福感、こういうものが感じ取れるかどうか。そこが一番大事だと思います。もちろん子どもだけじゃなくて親もそうです。家族ぐるみの変化が見られる時はやっぱり家庭内にP循環がしっかりと形成されている時だから、いわゆる「再発」も少ないのです。

9　スタートラインに立つ

ただし、P循環形成のための努力を他の家族メンバーに求めるのではなくて、自分から率先しておこなうことが大事です。

例えば、ある両親と面接中のこと。私が母親に感謝行を勧めていると、その隣から「そうだぞうだ、お母さんに感謝が足りないのが問題だ」みたいな感じで口を挟んでくる父親がいたりします。そういう時は「そんなお母さんを作ったのはあんたや。あんたがまずは感謝行せんといかんぞ」と叱ることがあります。愛ある叱りです。もちろん相手を選んでの厳しさですけれども、とにかく「人のことをとやかくいう前に自分の心を入れ替えろ」って言う。こう見えてもなかなか厳しいのですよ、私。自宅では妻に同じこと言われてますけどね。

とにかく他人は簡単に変わるものではないから、誰かに変われ変われと言ってる暇があるならまず自分から動いたほうがうんと早い。結果的に、相互作用的循環的にいろいろ変わって行きますから。

全部相手が悪い。環境が悪い。私は被害者だ。だから周りが変わってくれないと私にはどうしようもない。このようなポジションに立ちたがる人って結構多いのですが、さっきの幸福の話と一緒で、外部依存的になっているのです。「私は無力な人」になって、外にあるものに主導権を任せている状態です。でもそれは違う。本来は誰でも無力な人ではない。本当は誰でも主体的に人生をつくれます。自分を助けてくれて幸せにしてくれる王子様は外の世界にはいない。自分の心の中にいるのみ。まあ、ときにはこんな説教もする。心の置き換え作業に導いていく前口上みたいなもんです。こんな説教でもうまく相手に届くと、感謝行をぐっと近くに手繰り寄せることができます。

心の安定を望むのなら自分の中に起きてくる「怒り、憎しみ、恨み、妬み」そういうものを手放していく。最初はそんなことはできるわけがないと思う人もいますが、その方法としての感謝行があまりにも簡単なので、とりあえず取り組んでみてくれる。私は継続のお手伝いをするだけです。ひとりだと続かないこともあるからです。でも習慣になると、実際に心地良さを感じ取れるようになる。するとあら不思議、それが周囲に伝染する。今まで憎いと思っていた人が優しくなる。良いことも起きてくる。いったんP循環が始まると、いろんなことが自然と良い方向に変化する。

一見怪しい話に聞こえるかもしれませんが、私たちはみんな循環の中で生きていますから、当然と言えば当然のことなんです。本来循環には初めも終わりもなく原因も結果もないのですが、そのスタートラインには自分が立つのだと、自分が第一走者になってバトンをつないでいくのだと、そんな気構えがあると言うことなしです。

そして、そのゴールはこんな感じでしょうか。「人生なんとかなる」。「我が家はなんとかなる」。「子どもたちはなんとかなる」。いろんな心配やこだわりから卒業すると、そこには本当に自由な世界が待っています。「みんなちがってみんないい」みたいな。金子みすゞですね。あっ、知りませんか?

さて、大変名残惜しいですがそろそろ時間になりました。ご清聴ありがとうございました。

第6章
悩み方教室

1　疲れない悩み方

カウンセリングに来られるクライエントさんの悩みは多様ではありますが、何事であっても悩むことはかなりのエネルギーを消費するものです。

ましてや自分や他人に怒りを向け、恨み心や妬み心を全開にしておりますと、これは生命エネルギーを大放出すること間違いなしです。

中には悩みすぎて疲労困憊《ひろうこんぱい》になっている人もいます。オーバーヒートでお疲れモード。そのせいもあって悩みはなかなか解決できません。たとえたまたま悩みをひとつ解決したところで、次の悩みに遭遇《そうぐう》したらまたまた疲労困憊。これでは、いつまで立ってもカウンセリングを卒業できません。

疲労の蓄積は間違いなく問題解決能力を低下させます。悩みに対して余裕を持って向き合えないのです。これは悩みそのものよりも「悩み方」に問題がある状態だとも言えます。

そのような場合、クライエントさんにはしばらく悩み自体を棚上げにしてもらって、「悩み方の習得」をカウンセリングの目標にします。

その第1ステップは「身体へのいたわり」です。特に、睡眠、適度な運動、バランスのとれた腹八分の食事、入浴、呼吸法など。ゆっくり時間をかけてマスターしてもらいます。心と身体は相互に影響しあっていますから、身体をいたわることは心をいたわることにもなります。特に「心理面に夢中になっている人ほど身体から入る方が良い」というのが私の長年の経験則です。身体感覚に意識を向けて「自分の心」から距離を取ることが疲れの回復に有効です。

第2ステップは「悩みの休息」を学びます。

野球でも、投手は中四日とか中五日とか、登板間隔がしっかり確保できないと身体に疲労が蓄積してきて肩を壊したりします。ずっと悩み続ける癖があると、いくら身体をいたわっていてもまた疲労感が襲ってきます。そのための良薬が「趣味」であったり「息抜き」であったりするわけです。これをクライエントさんと一緒に探し、充実したものにしていきます。つまり、ここでもやはり悩みそのものにはタッチしない。何より「疲れない悩み方」をマスターすることが優先事項なのです。

第３ステップでは「言葉の力」を学びます。

疲れやすい人の特徴としては「疲れた」「しんどい」「もうダメ」などといったセリフを多用する癖があるようです。「自分は疲れやすい体質だ」などといった信念を持っている人も多いようです。そうした言葉や信念がますます疲労感を増幅させてしまいます。

クライエントさんにはこのような口癖を自分でチェックしてもらって、その回数を少しずつ減らすようにしてもらいます。やはり悩みの解決よりも「疲れない悩み方」をマスターすることに焦点が当てられます。

この３つのステップで適切な悩み方をマスターして、その後に悩みの中身に向き合うと、悩みすぎてクタクタになることがありません。すると、自分の中にある問題解決能力が自然と引き出されます。それは心の自然治癒力《ちゆりょく》のようなものです。そこさえ整えば、一つひとつの悩みの解決策についていちいちカウンセラーに相談する必要はなくなります。クライエントさんは自分でそれなりに解決できるようになります。

2　悩みはなくならない

ただ、ときどき「悩むこと」から一切解放されたいなどと希望する人がいますが、これはなかなか難しい。

悩みがなんであれ、その基盤には「ナニナニが欲しい」「ナニナニになりたい」「ナニナニを自分の思う通りにしたい」「ナニナニによく思われたい（嫌われたくない）」。このような我欲がどっかりと腰を据えているからです。つまり、何かに悩んでいるということは、何かしらの我欲が満たされないので不満を抱えている状態であるということですが、皆さんも私も我欲を捨てることは実に難しい。よって、悩みはほぼ半永久的に尽きることがないのです。

だからこそ、悩みと上手に付き合うことで、少しでも疲労を感じることなく日々を過ごすことが必要なのですね。これが、悩みそのものよりも「悩み方」が大事な理由です。

しかしそれでもなお「自分の我欲を常に反省し、少しでもそれを捨てること」をめざす人がいるかもしれません。それはもう本質的な解決ですね。悟りに向かって一直線です。

実際にはそのような人にはめったにお目にかかりませんが、先日、珍しくそんなクライエントさんがいました。とうとう「悩み知らず」になった彼の印象的な言葉を紹介しましょう。

「今から百年先には私も私の家族も知人も誰もこの世にいませんよね。そう考えると、ムキになって何かにこだわり悩んでいることがとてもバカバカしいことに思えて仕方なくなったのです。そしたらね、本当に取り越し苦労も持ち越し苦労もなくなったのです。毎日一生懸命生きている。

それだけで十分です」

すごいでしょ？　えっ、皆さんにはそんなことはムリですか？

はい、もちろんムリで良いのです。だからこそ、今日も上手に悩みましょう。悩みの中身よりも悩み方が大事なのです。

3　不真面目のすすめ

カウンセリングには「おもしろくない毎日」「つまらない毎日」に悩んでいる人がたくさん来られます。よく話を聴きますと、そういった人は皆さんとても真面目です。

苦虫を噛み潰したような顔で一生懸命に悩んでいる。失敗や欠点など、自分や他人のダメなところが気になって、それを何とかしたいと思っている。毎日をなんとか楽しくしようと努力している。そういった方法がないかと探し求めている。でも、どうにもならない。そして、ますます不満や不安に苛まれている。

ところが、何度かカウンセリングを受けることで、そのような毎日が変わった人は、ほぼ間違いなく、良い意味で「不真面目」になっています。「一生懸命悩まない」「自分や他人のダメなところを気にしない」「毎日を楽しくしようなどと努力しない」のです。

つまり、問題点に注目してそれを変えようなどとシャカリキにならない。むしろ、自分の失敗や欠点はそのままに、それを笑いのネタにできるようになるくらいなのです。お笑い芸人さんみたいですね。

このように言うと、「人生そんなことでいいのか」「人は悩んでこそ成長するのだ！」といった真面目な声も聞こえてきそうです。

もちろん、そういった場合もあることでしょう。しかし最新の物理学や心理学では、少し逆の提案をしているのです。量子物理学の世界では「人によって観測されるまでは現象は存在しない」などと言います。心理学の世界でも「現実は、観察され（認知）、意味づけされ（思考）、言葉にされる（コミュニケーション）ことで構築される」という考え方が知られています。

ほぼ同じことが言われているわけですが、簡単に言うと、「Aに注目するとAはますます大手を振ってのさばる」ということなのですね。

つまり、今のあなたの「つまらない生活」もあなたが日々のつまらない出来事に注目するからますますのさばってくる、ますます存在感を示し始めるのだと、こういったことになるわけです。気にすれば気にするほど、それがひっかかってくるといった塩梅《あんばい》です。

ならばそれに注目するのをやめればいい。

4　注目すべきこと

しかし「やめよう、やめよう」としても、そんなに簡単にやめられるものではない。むしろ「ナニナニを考えるのをやめよう！」と考えた途端に、それはナニナニのことを考えていることになってしまう。なんともジレンマ。

しかしご安心ください。方法はあります。「つまらない毎日」のことを無理に考えないようにするのではなく、他のことに注目するのです。

さて「つまらない毎日」の代わりに何に注目すれば良いのでしょうか？

その答えは「今すでにあなたにあるもののうち、あなたにとって役に立っているもの」への注目です。

右腕に怪我をして不自由ならば、自由に動かすことができる左腕。何でも買えるような大金ではないけれども、何とか生活ができている収入。贅沢な食事ではなくても、日々の栄養をいただける目の前の食事。立派な家ではなくとも、雨露をしのいでくれる我が家。そして、あなたが今の「つまらない毎日」の中にあっても、例外的に楽しかった出来事や親切だった人など。どんなに小さなことでもいいのです。まずは意識を向けることが第一歩です。

とは言え、すぐに「不足しているもの」へ目が向いてしまうのが私たちの悲しい性《さが》でもあります。

そこで次に「感謝」を利用します。今すでにあるものに対して心の中で、できれば言葉に出して、「ありがとうございます」を数回繰り返します。たったこれだけです。

何だか怪しい宗教のように思えましたか？

なんの、近年欧米では「感謝が人の幸福感に及ぼす影響」が重要な心理学の研究テーマになっており、実際に感謝の多い人は幸福感が高くなるというデータがあります。

感謝なんて本気になって言えませんか？

大丈夫です。最初は口先だけでもいいのです。繰り返すうちに自然と身につきます。最初から本気でなくても、「フリ」から始めても効果は同じようにあるのです。

こうしたことを続けていくと、やがて「すでにいろいろなものが与えられていることへの感謝」「毎日生かされていることへの感謝」「家族や同僚への感謝」の気持ちがしっかりと根付いていくことでしょう。

それはあなたの変化、つまり毎日の柔和な表情や、愛のある言葉として観察できるはずです。和顔愛語です。

そして、それは確実に周囲の人々に伝わり、今度は彼らがあなたに感謝する機会も多くなることでしょう。人生はブーメラン。与えたものが返ってきます。こうして、あなたの「つまらない毎日」は意図せずとも結果的に「楽しく充実した毎日」に変わっていきます。

何かを思い詰めたり悩んだりするのも人間ですから結構なことですが、「問題」や「悩み」を握りしめないことが、そこから自由になる道なのかもしれません。

この度はご縁をいただきましてありがとうございます。また機会がありましたらお目にかかりましょう。

あとがき

最後までお読みいただきまして、本当にありがとうございます。

読むだけで悩みが軽くなる。日々の充実感や幸福感も増す。少なくともそのきっかけになる。皆さんにとって、そんな本であったなら嬉しく思います。

本書の制作段階からこうして読者の手に渡るまで、あれこれのプロセスに関わってくださったすべての人に感謝いたします。ありがとうございます。

東　豊

本書をさらに理解する上で参考になる文献

（臨床心理系）

＊東豊・武長藍　マンガでわかる家族療法1　親子のカウンセリング編　日本評論社　2018

＊東豊・武長藍　マンガでわかる家族療法2　大人のカウンセリング編　日本評論社　2018

マンガなので読みやすい。カウンセリングの臨場感が良く伝わります。

＊田中究　心理支援のための臨床コラボレーション　遠見書房　2021

専門書ですがわかりやすい。少し骨のある書籍を求めている人におすすめします。著者の田中氏は臨床力の高い人です。

（スピリチュアル系）

＊伊勢白山道　宇宙万象5　観世音　2021

先祖供養（伊勢白山道式）の方法が詳しく書かれている。他にも同氏の著書は多数あり、大変おもしろく勉強になります。特定の宗教宗派には関係ありません。

＊クレセント　諦めて寝なさい　ギャラクシーブックス　2019
著者のクレセントさんは京都で最強（と私は思う）スピリチュアル姉妹。生き方の参考になる、おすすめの一冊です。

＊谷口雅春　生命の実相　全40巻　日本教文社　1962～
知る人ぞ知る、谷口哲学。多数ある宗教書の中で私が最も影響を受けたものです。谷口氏は新宗教「生長の家」の創始者ですが、私個人はその宗派とは無関係であり、また特定の宗派を推す者ではありません。

＊東　豊・長谷川浄潤　幸せな心と体のつくり方　遠見書房　2019
整体師と心理カウンセラーが幸福についてスピリチュアルに語り合った本です。

＊辛酸なめ子　スピリチュアル系のトリセツ　平凡社　2020
スピリチュアル本では最高レベルの一冊(と私は思う)。スピリチュアル系と適切な距離が取れます。笑えます。

著者紹介
東　豊（ひがし・ゆたか）
一九五六年、滋賀県生まれ。関西学院大学卒。九州大学医学部心療内科、鳥取大学医学部精神神経科、同医局長などを経て、現在は龍谷大学心理学部・同大学院教授。
医学博士、臨床心理士、公認心理師。
専門はシステムズアプローチ、家族療法。

超かんたん　自分でできる
人生の流れを変えるちょっと不思議なサイコセラピー
――P循環の理論と方法

2021年6月15日　第1刷
2024年9月30日　第4刷

著　者　東《ひがし》　豊《ゆたか》
発行人　山内俊介
発行所　遠見書房

tomi shobo
遠見書房

〒181-0001 東京都三鷹市井の頭 2-28-16
株式会社　遠見書房
TEL 0422-26-6711　FAX 050-3488-3894
tomi@tomishobo.com　http://tomishobo.com
遠見書房の書店　https://tomishobo.stores.jp

印刷・製本　太平印刷社

ISBN978-4-86616-124-2　C0011